Töpfern auf der Scheibe

Christel Wolczyk

Töpfern auf der Scheibe

Mit 200 Fotos von Rafael Melero

Franckh'sche Verlagshandlung
Stuttgart

200 Fotos von Rafael Melero

Umschlaggestaltung von Alice Piringer unter Verwendung zweier Fotos von Rafael Melero

CIP-Kurztitelaufnahme der Deutschen Bibliothek

Wolczyk, Christel:
Töpfern auf der Scheibe / Christel Wolczyk. Mit 200 Fotos von Rafael Melero. – Stuttgart : Franckh, 1985
ISBN 3-440-05545-0

Franckh'sche Verlagshandlung, W. Keller & Co., Stuttgart/1985

Printed in Germany/Imprimé en Allemagne
L 9sp H ro
ISBN 3-440-05545-0
Gesamtherstellung: Brönner & Daentler KG, Eichstätt

Töpfern auf der Scheibe

Dieses Buch ist dem Töpfer Salvador Luna und dem Bildhauer José Manuel Viano gewidmet. Ohne die Freundschaft und Hilfe der beiden Künstler wäre diese Arbeit wohl nie entstanden. Sie stellten mir ihre Werkstatt in Coin (Málaga) zur Verfügung, und Salvador lieh uns seine Hände für die Aufnahmen.
Mein Dank gilt auch dem Fotografen Rafael Melero und allen, die mich in dem Projekt tatkräftig unterstützten, nicht zuletzt meinen Eltern.

c. w.

Zu diesem Buch

Keramisches Schaffen in all seinen Variationen hat in den letzten Jahren immens an Beliebtheit zugenommen, und es gibt mittlerweile Tonwerkstätten an vielen Schulen und an fast allen Instituten der Erwachsenenbildung. Vielleicht ist dieser Aufschwung darauf zurückzuführen, daß sich der moderne Mensch immer schmerzlicher bewußt wird, wie weit er sich in seiner Arbeit und seinem Leben von sich selbst und seinen Ursprüngen entfernt hat, und versucht, durch ein so erdverbundenes Handwerk, wie die Töpferei es ist, zu sich selbst zurückzufinden.
Das plastische Material Ton ist wie kein anderes geeignet, die Kreativität anzuregen. Es läßt sich mit den Händen oder einfachen zusätzlichen Hilfsmitteln bearbeiten und schafft dauerhafte Resultate. Erde, Wasser, Feuer und die ruhige Hand des Menschen verbinden sich zu einzigartig befriedigenden Ergebnissen, und das nicht nur für den Töpfer, sondern auch für den Käufer und Benutzer.
Handaufbaukeramik ist sicher die weitverbreitetste Form der Hobbytöpferei, aber früher oder später spürt wohl jeder, der mit Ton arbeitet, das Verlangen, auch die Töpferscheibe auszuprobieren, diesen Schritt zur Mechanisierung zu wiederholen, den man vor 5000 Jahren tat und der es möglich macht, in Minutenschnelle völlig symmetrische runde Gefäße herzustellen. Auch Menschen, die noch nie mit dem Werkstoff Ton zu tun hatten, verfallen leicht dem Zauber der Töpferscheibe, wenn sie zusehen, mit welch scheinbarer Leichtigkeit ein geübter Töpfer aus einem unförmigen Tonklumpen Kannen, Schalen, Becher, Vasen und viele andere schöne Dinge gestaltet. Auf der Scheibe entsteht meist Gebrauchskeramik, und darin liegt ein weiterer Reiz für den Töpferneuling: Wem würde es nicht gefallen, täglich mit den Produkten seines kreativen Schaffens umzugehen und sie zu benutzen?
Nun, mit Zauberei hat die Arbeit an der Töpferscheibe nicht viel zu tun, wohl aber mit Selbstdisziplin, sehr viel Übung und einem kleinen bißchen manuellen Geschick. Entgegen weitverbreiteter Ansichten ist besondere Körperkraft für das Töpfern an der Scheibe nicht erforderlich, dafür aber eine ruhige Hand, Konzentration, Ausdauer und die Freude am eigenen Schaffen, die wohl jedem Menschen innewohnt. Wie bei vielen Dingen entsteht auch hier eine Wechselwirkung: Der Kontakt mit dem Material und das Tun führen zu einer inneren Ausgeglichenheit, die wiederum weitere Ideen und deren Verwirklichung positiv beeinflußt.
Dieses Buch ist für alle Anfänger an der Drehscheibe gedacht, sowohl für die, die schon einige Erfahrung im Umgang mit dem Material Ton haben, als auch für ganz »blutige Anfänger«. Ich schreibe es als Unterstützung für diejenigen, die einen Kursus besuchen, und als Anleitung für Leute, die keine Gelegenheit haben, solches zu tun. Natürlich kann ein Buch nicht den Lehrer ersetzen, der, neben dem Schüler stehend, Fehler erkennt und sofort helfend eingreift. Wenn man alleine an der Töpferscheibe arbeitet, muß man viele Fehlschläge hinnehmen und so manch mühsam Erschaffenes schweren Herzens wieder verwerfen. Aber Fehler sind dazu da, gemacht zu werden, und mit der Zeit entwickelt man ein Gespür dafür, was es sich lohnt aufzuheben und was nicht. Wie bei allem Lernen sollte man sich immer vor Augen halten, daß noch kein Meister vom Himmel gefallen ist.
Die in diesem Buch beschriebenen Arbeitstechniken erheben keinerlei Anspruch darauf, die einzig richtigen zu sein. Jeder Töpfer entwickelt seine ganz persönlichen Arbeitsweisen, abhängig von so verschiedenen Faktoren wie Veranlagung, Körperbau, Vorliebe und vielen anderen mehr. Ob man die Hand nun so hält oder so, kann zum gleichen Ergebnis führen, aber die Gesamtheit der Unterschiede macht den persönlichen Stil

eines jeden Individuums aus. Es gibt keine allgemeingültige Technik, aber um den Lernenden nicht zu verwirren, kann ich hier, von wenigen Ausnahmen abgesehen, immer nur auf eine Verfahrensweise bei den verschiedenen Arbeitsschritten eingehen. Es bleibt also dem Leser überlassen, die in diesem Buch gezeigten Handgriffe seinen Gegebenheiten entsprechend zu modifizieren. Was nicht wandelbar ist, sind gewisse Prinzipien für die Behandlung des Materials, die aus dem Ton und seinen Eigenschaften hervorgehen und deren Nichtbeachtung unweigerlich im Mißerfolg endet. Bei gegebener Gelegenheit werde ich diese Punkte ansprechen.
Die Fotografien, die dieses Buch enthält, sind zwangsläufig statische Wiedergaben eines Bewegungsprozesses und werden deshalb in gewissem Sinne immer unzulänglich bleiben. Wir haben uns jedoch bemüht, Schlüsselmomente einzufangen und damit dem Lernenden die Möglichkeit zur Nachahmung zu geben.
Dieses Buch befaßt sich ausschließlich mit der Technik des Drehvorganges an der Töpferscheibe, dem Freidrehen und dem Abdrehen unter Einschluß einiger spezieller Arbeitstechniken. Es würde den gegebenen Rahmen sprengen, auf die weitere Behandlung der fertiggestellten Stükke, wie z. B. auf das Dekorieren, Brennen und Glasieren eingehen zu wollen. Soweit notwendig, werde ich kurze Informationen zur Weiterbehandlung geben und verweise ansonsten auf Publikationen über die entsprechenden Gebiete, die Sie in der anhängenden Literaturliste finden.

Zum Thema Ton

Ganz theoretisch betrachtet ist Ton ein Gesteinsverwitterungsprodukt, zusammengesetzt aus Tonerde (Al_2O_3) und Kieselsäure (SiO_2), dessen Partikel unter dem Mikroskop wie flache, sechseckige Plättchen erscheinen. Diese Plättchen halten untereinander zusammen, gleiten aber auseinander, sobald genügend Wasser dazwischen kommt. Daraus erklärt sich die Dehnfähigkeit einer Gefäßwand auf der Töpferscheibe.
Praktisch gesehen ist Ton eine mehr oder weniger plastische Masse, die sich überall auf der Erde in mehr oder weniger reiner Form findet (**2**). Früher war es üblich, daß sich der Töpfer seine Tonerde selbst aus der Umgebung beschaffte. So wird es in vielen Ländern auch heute noch gehandhabt. Da der Ton selten in ganz reiner Form angetroffen wird, muß er erst in einem langwierigen Prozeß aufbereitet werden. Entsprechend dem vorgefundenen Ton und der Kultur, in der der Töpfer arbeitet, geschieht dies auf verschiedene Art. Entweder man trocknet die Erde, zerkleinert sie, schlägt sie durch ein Sieb und versetzt sie dann mit Wasser, oder sie wird in einem Wasserbecken aufgeschlämmt, wobei sich die groben Unreinheiten, wie etwa Steine, am Boden absetzen. Der sogenannte Schlicker wird dann durch ein feinmaschiges Sieb in ein anderes Becken geleitet, wo das Wasser verdunstet, bis eine verarbeitungsfähige Masse entsteht. Je nach Tonsorte wird der Ton nach dem Reinigungsprozeß sofort verarbeitet, oder er wird eingelagert, denn je reifer der Ton ist, desto besser wird er. Nach Bedarf werden bestimmte Mengen abgenommen und vor der eigentlichen Verarbeitung zuerst mit den Füßen getreten und dann mit den Händen noch einmal durchgeknetet. Um das Material Ton in allen seinen Formen kennenzulernen, lohnt es sich, die Aufbereitung einmal selbst in kleinerem Rahmen durchzuführen. Vielleicht haben Sie sogar einen Tonstrang im

2

eigenen Garten, oder in einer Baugrube in Ihrer Nähe wird Ton ausgehoben.
Im großen und ganzen wird es der moderne Töpfer aber vorziehen, seinen Ton von einer Tongrube zu kaufen, die ihm ein gereinigtes und auf seine Bedürfnisse zugeschnittenes Material liefern kann. Der vom Fachhandel in mehr oder weniger großen Mengen vertriebene Ton ist meist das Produkt einer Mischung verschiedener Tone, um eine ganz bestimmte Bildsamkeit oder Drehbarkeit zu erreichen. Ton gibt es in verschiedenen Farben, die auf das Vorkommen von Metalloxiden in der Rohmasse zurückzuführen sind. So ergibt Eisenoxid zum Beispiel eine rote, Manganoxid eine schwarze Färbung. Zu bestimmten Zwecken wird dem Ton während der Aufbereitung noch Schamott in verschiedenen Konzentrationen beigemischt. Schamott ist gemahlener Keramikscherben, der den Ton porös macht und damit die Standfestigkeit großer Stükke erhöht.
Entsprechend der Brenntemperatur der verschiedenen Tonarten unterscheidet man drei Sorten von Keramikerzeugnissen: Irdenware, Steinzeug und Porzellan. Diese Tonerzeugnisse unterscheiden sich weitgehend in Farbe, Textur und Widerstandsfähigkeit.
Irdenware verwandelt sich bei ca. 985 Grad in den »Scherben«, das heißt, es tritt eine chemische Veränderung ein, bei der die einst plastische, nun trockene Masse in einen steinähnlichen Zustand übergeht. Der Scherben der Irdenware ist meist rot bis braun und relativ weich und porös, wenn er nicht mit einer Glasur überzogen wird.
Steinzeug wird bei etwa 1260 Grad gebrannt. Der oft weiße Scherben ist wesentlich widerstandsfähiger als Irdenware, nicht mehr porös und damit wasserundurchlässig und säurefest.
Porzellan braucht noch höhere Temperaturen, über 1260 Grad. Bei diesen Temperaturen schmilzt die keramische Masse, und bei besonders feinem Ton wird dadurch ein Durchscheinen erreicht.
Nicht zuletzt aus ökonomischen Gründen wird sich der Töpferanfänger wahrscheinlich für Irdenwareton und damit ein Brennen bei niedrigen Temperaturen entscheiden. Erfahrene Töpfer bevorzugen oft Steinzeugton, der besseren Qualität wegen. Die Vertreiber keramischer Massen geben bei den verschiedenen Tonsorten immer die genaue Brenntemperatur an. Diese sollte nicht überschritten werden, da bei größerer Hitze Verformungen und Farbveränderungen entstehen.
Unabhängig von den Brenntemperaturen der einzelnen Tonsorten gibt es ein bestimmtes *Verhalten*, das allen Tonen eigen ist und das der Keramiker immer im Auge haben muß:

- Ton ist plastisch, wenn er eine bestimmte Menge Wasser enthält. Ist der Ton zu trocken, dann bricht er, ist er zu naß, verwandelt er sich in Tonschlamm, Schlicker genannt. Beide Zustände sind nicht oder nur zu bestimmten Zwecken wünschenswert. Die Plastizität des Tons wird außerdem durch die Größe der Tonpartikel bestimmt. Je kleiner die Partikel, desto plastischer (fetter) der Ton.
- Beim Trocknen schrumpft der Ton, das heißt, er zieht sich zusammen, da das Wasser zwischen den Partikelchen verdunstet und diese näher zusammenrücken. Durch Untermischen von Quarzsand oder Schamott (gemahlenen Tonscherben) wird diese Schrumpfung leicht vermindert. Die Tatsache der Schrumpfung, die zweimal auftritt, nämlich beim Trocknen und später beim Brennen noch einmal, und die insgesamt etwa 10 bis 15 % beträgt, muß dem Töpfer ständig präsent sein. Einmal leitet sich daraus ab, daß die Wände eines Gefäßes möglichst an allen Stellen gleiche Stärke haben sollten, denn dünne Stellen trocknen schneller als dicke, und aus den Spannungen, die durch ungleichmäßiges Zusammenziehen entstehen, resultieren Risse und Brüche spätestens beim Brennen. Zum anderen ist die Schrumpfung in Betracht zu ziehen, wenn der Gefäßinhalt besonders wichtig ist, zum Beispiel bei der Herstellung eines Literkruges.
  Für den Anfänger ist die Schrumpfung oft sehr frustrierend, denn was da auf der Drehscheibe so riesig aussah, scheint nach dem Trocknen oft nicht mehr des Anguckens wert. Mit der Zeit entwickelt man aber ein Gefühl dafür, wie sich der benutzte Ton bei der Trocknung verhält.

- Je trockener der Ton wird, desto härter wird er auch. Frischer, leicht zu verformender Ton geht zuerst in einen lederharten Zustand über. Während ein frisch gedrehter Gegenstand möglichst wenig berührt werden sollte, da sich auf ihm alle Fingerabdrücke etc. eingraben, kann man mit einem lederharten Gefäß schon eher umgehen, wenn auch mit gewisser Vorsicht. Im lederharten Zustand wird abgedreht, d. h. überflüssiger Ton wird abgedrechselt, und es ist auch noch möglich, Teile aus frischem Ton anzufügen, wie zum Beispiel Henkel. Später, wenn der Ton knochenhart geworden ist, ist solches nicht mehr möglich. Im knochenharten Zustand ist der Keramikgegenstand sehr zerbrechlich und kaum noch zu bearbeiten. Solange der Ton noch nicht gebrannt ist, kann er jederzeit mit Wasser versetzt und wieder verwendungsfähig gemacht werden. Beim Töpfern gibt es also so gut wie keinen Abfall.
- Beim Brennen tritt bei einer bestimmten Temperatur eine chemische Veränderung der keramischen Masse ein, die nicht mehr rückgängig zu machen ist. Dabei erfolgt nochmals eine Schrumpfung durch das Zusammenschmelzen der Tonpartikel. Diese chemische Veränderung geht in mehreren Etappen vor sich: Bei 100 Grad verdampft die restliche Feuchtigkeit zwischen den Tonpartikeln, bei ca. 325 Grad das chemisch gebundene Wasser, und der letzte Schritt, die totale Fusion aller Bestandteile des Tons, beginnt bei etwa 600 Grad. Der erfahrene Töpfer kann an Farbe und Klang des Scherbens feststellen, ob dieser bei der richtigen Temperatur gebrannt wurde und ob er zu wenig oder zu viel Feuer abbekommen hat.

Zum Thema Töpferscheibe

Als es dem Menschen zu mühselig wurde, sein Geschirr Stückchen für Stückchen im Handaufbau herzustellen, erfand er sich die Töpferscheibe, die zunächst mit der Hand betrieben wurde. Als ihm auch das zu unbequem wurde, ging er einen Schritt weiter in der technischen Entwicklung – zur fußbetriebenen Scheibe (**3**). Diese ist in Variationen in ganz Europa verbreitet, mit Pedalbetrieb z. B. in England, als Kickscheibe in den meisten anderen Ländern. Normalerweise befindet sich der Scheibenkopf direkt vor dem Töpfer oder auch, wie in Spanien, seitlich nach links versetzt.
Das Prinzip der Töpferscheibe ist jedoch überall das gleiche: Ein schweres Schwungrad wird mit einem Pedal oder dem Fuß in einer Kickbewegung in Umlauf gebracht. Meist führt nur ein Fuß die Bewegung aus, und der andere ruht auf einer Stütze. Traditionsgemäß ist in unseren Breitengraden die Drehrichtung gegen den Uhrzeigersinn, während japanische Töpfer z. B. in der anderen Richtung arbeiten. Es spricht also nichts dagegen, daß ein Linkshänder mit dem Uhrzeigersinn arbeitet. Die Anleitungen, die dieses Buch gibt, müssen dann entsprechend spiegelbildlich ausgeführt werden.
Die Bewegung der großen Schwungscheibe überträgt sich über eine Achse auf eine kleinere Scheibe, den sogenannten Scheibenkopf, der sich in handlicher Höhe vor dem Töpfer befindet und den Ton trägt. Eine Grundregel des Töpferns an der fußbetriebenen Scheibe ist es, daß Fuß und Hand nicht gleichzeitig arbeiten. Während des Freidrehens müssen die Hände sehr ruhig gehalten werden, eine gleichzeitige Fußbewegung würde sich aber auf die Hände übertragen. Also

3

wird erst die Scheibe in Schwung gebracht und dann die Rotation zum Freidrehen ausgenutzt. Daraus ergibt sich, daß die Scheibe möglichst lange laufen sollte und auch, daß hohe Geschwindigkeiten erreicht werden müssen, wie sie zum Beispiel das Zentrieren des Tonkegels verlangt. Dafür muß das Schwungrad ziemlich schwer sein, möglichst nicht unter 50 kg.

Will man sich eine Töpferscheibe selber bauen, ein für den handwerklich begabten Leser kein allzu schwieriges Unterfangen, dann eignet sich als Schwungrad eine Seite einer großen hölzernen Kabelrolle oder ein zementgefüllter Rahmen. Die ganze Konstruktion sollte stabil aus Holz oder Metall gebaut sein, mit integriertem, verstellbarem Sitz und einer Fußstütze. Der Schei-

4

benkopf, der möglichst genau waagerecht angebracht werden muß, sollte aus einem nichtrostenden Metall bestehen und mit eingravierten konzentrischen Kreisen versehen sein, die das Zentrieren wesentlich erleichtern.
Die Anschaffungskosten für eine fußbetriebene Scheibe sind nicht sehr hoch, die Wartung ist gering, und Betriebskosten entstehen keine, außer dem Verbrauch menschlicher Energie. Ein weiterer Vorteil der Fußscheibe ist die absolute Kontrolle über die Geschwindigkeit, besonders im langsamen Bereich. Auf der anderen Seite kann der Fußbetrieb sehr ermüdend werden, besonders wenn man viel arbeitet. Außerdem ist die Schwungradscheibe weniger zur Herstellung ganz großer Gefäße geeignet, da man an ihr nicht stehend arbeiten kann. Man braucht dann unter Umständen einen Helfer, der die Scheibe antritt.
Im großen und ganzen ist, von den genannten Vorteilen ausgehend, eine fußbetriebene Scheibe für den Töpferanfänger und den Hobbytöpfer zu empfehlen, da das Gefühl für die verschiedenen Geschwindigkeiten in bestimmten Phasen des Drehvorgangs geschult wird.
Haben Sie allerdings vor, viel zu töpfern, das Handwerk vielleicht sogar irgendwann zum Broterwerb zu machen, dann sollten Sie auch nostalgische Überlegungen verwerfen und gleich eine elektrische Töpferscheibe erwerben, die heute in vielfachen Ausführungen im Fachhandel erhältlich sind. Meinen eigenen Erfahrungen nach ist eine der modernen, kleinen, leichten, aber robusten Scheiben (**4**) einem an ein Schwungrad angehängten Motor vorzuziehen. Diese Geräte sind mit Fuß- und Handhebel für stufenlose Geschwindigkeitsregelung ausgerüstet und haben außer der leichten Transportierbarkeit den Vorteil, daß man an ihnen sitzend oder, bei sehr hohen Gefäßen, stehend arbeiten kann. Wenn Sie in Erwägung ziehen, eine solche Scheibe zu kaufen, dann sollten Sie sich gründlich umsehen und möglichst Rat bei erfahrenen Berufstöpfern einholen. Wenn Sie schon eine relativ hohe Summe investieren wollen, dann sollten Sie sicher gehen, daß die Belastbarkeit der Drehscheibe für Ihren zukünftigen Bedarf ausreichen wird und daß die stufenlose Geschwindigkeitsregelung von 0 bis mindestens 160 oder 200 Umdrehungen pro Minute reicht. Außerdem sollte der Scheibenkopf auch bei ausgeschaltetem Motor drehbar sein, was nützlich ist für Dekorationen etc. Achten Sie auch darauf, daß die Auffangwanne für den Schlicker leicht zu reinigen und eventuell abnehmbar ist, falls einmal Bedarf besteht. Die meisten dieser handlichen, modernen Scheiben werden über einen Kegel angetrieben, der auf einem Reibring angreift. Beachten Sie deshalb bitte immer, daß der Fußhebel beim Ausschalten auf 0 steht, da sich sonst eine Vertiefung im Reibring bildet, die bei der nächsten Benutzung schlägt.

Die Werkzeuge

Zum Drehen an der Scheibe braucht es nicht vieler Geräte (**5**). Das Wichtigste ist wohl eine Schüssel oder ein Eimer mit Wasser zum Anfeuchten der Hände. Weiterhin sind sehr nützlich ein Naturschwamm in Form eines Elefantenohres und einige Schwämmchen aus Schaumgummi sowie ein paar Stückchen Fensterleder zur Oberflächenbehandlung. Ein Schwämmchen an einem Stock oder Draht befestigt eignet sich sehr gut dazu, Tropfwasser aus einem enghalsigen Gefäß zu entfernen.
Schneidedrähte verschiedener Stärken aus Kup-

5

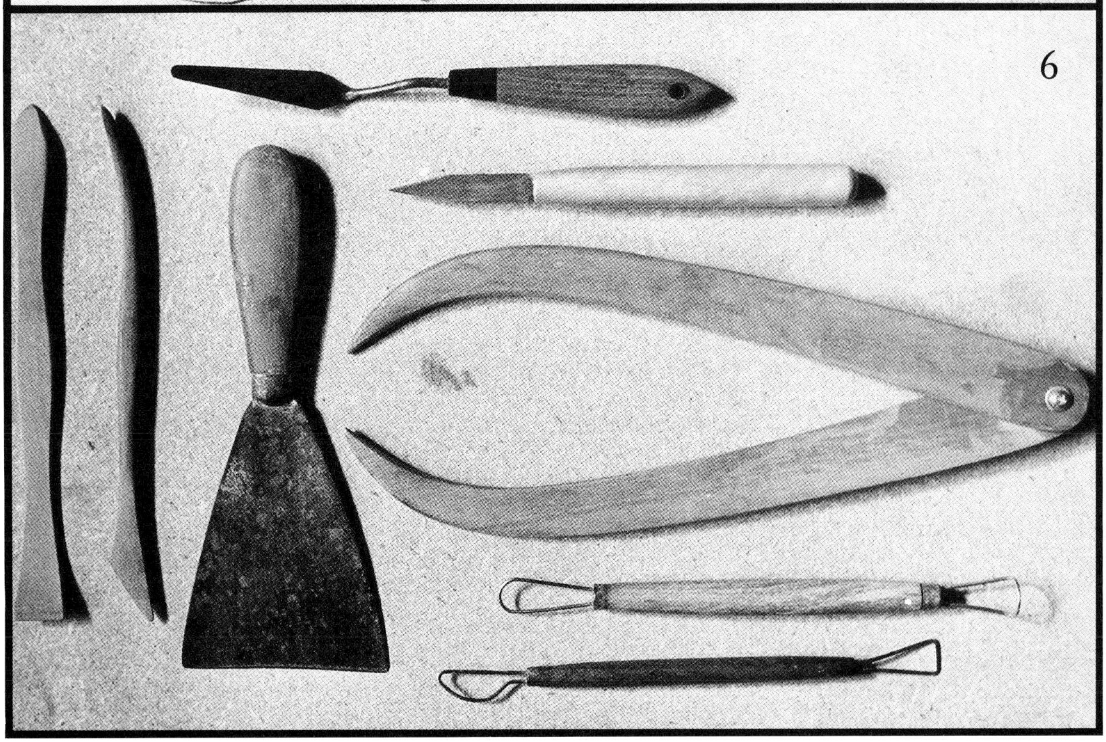

6

fer oder Messing brauchen Sie zum Durchschneiden von Tonklumpen (dick) und zum Abschneiden der fertiggedrehten Stücke von der Scheibe (fein). Auch Nylonschnur tut da gute Dienste. Wenn Sie die beiden Enden des Drahtes an Holzstückchen oder Korken befestigen, läßt er sich leichter handhaben.
Drehschienen aus Hartholz sind nützlich, aber nicht unentbehrlich. Man benutzt sie zum Glätten von Boden und Außenwänden oder auch manchmal schon zum Hochziehen der Wandung. Ein selbstgemachtes Werkzeug aus Bambusrohr, das Sie auf unserem Foto sehen, ist vielleicht noch effektiver, da es zu mehreren Zwecken eingesetzt werden kann. Ein ca. 15 cm langes Bambusrohr wird längs halbiert und eine Seite mit einer Spitze versehen, die bei Gebrauch auf das Werkstück zu zeigt (s. Bild 68/69). Ein solches Rohr dient sowohl als Drehhilfe als auch zur Behandlung von Bodenkanten u. ä., wie in den entsprechenden Kapiteln noch erklärt werden wird. Auch ein langes flaches Hölzchen, mit einer scharfen Spitze versehen, sollte man immer bei der Hand haben. Es ersetzt im Bedarfsfall Messer oder Modellierholz.
Zum Abschneiden einer ungleichmäßig gewordenen Gefäßlippe benutzt man eine Ahle oder eine dicke Stopfnadel, die man mit dem stumpfen Ende in einen Korken gesteckt hat.
Zum Formen von Fußringen und Kanten sind weiterhin Modellierhölzer und -schlingen recht hilfreich. Sie leisten auch beim Zusammensetzen mehrerer Teile gute Dienste (**6**).
Zum Abnehmen von Innen- und Außenmaßen ist der Tastzirkel das ideale Werkzeug. Fügen wir noch ein spitzes Messer oder einen kleinen scharfen Spachtel für viele Zwecke an, eine Gummi- und/oder Metallniere zum Glätten und die Liste der Hilfsmittel beim Freidrehen ist schon abgeschlossen.
Für die spätere Behandlung der Werkstücke sind Abdrehwerkzeuge erforderlich, die man in verschiedenen Formen und Größen kaufen kann (s. Bild 115). In den entsprechenden Abschnitten werden wir noch einmal darauf eingehen.
Zur Ausrüstung einer Tonwerkstatt gehören allerdings noch ein paar Dinge mehr, wie zum Beispiel eine Unterlage zum Kneten des Tons. Auch ein fester Spachtel ist bei der Tonvorbereitung fast unentbehrlich. Weiterhin sollten einige gut schließende Deckeleimer zur Verfügung stehen, in denen man den Ton wiederaufbereiten oder Glasuren etc. aufbewahren kann. Plastiktüten in allen Größen sollte man sammeln. Sie eignen sich dazu, Tonklumpen oder fertige Stükke vor dem Austrocknen zu bewahren.
Da sich mit dem Drehen an der Scheibe die Arbeit des Töpfers nicht erschöpft, muß auch an Ablagebretter zum Trocknen der gedrehten Stücke, Unterlegscheiben, Gefäße zum Glasieren und nicht zuletzt an einen Brennofen gedacht werden.

Das Kneten des Tons

Der Ton, so wie er aus dem Paket oder aus der Strangpresse (ein Gerät zur Tonaufbereitung) kommt, ist noch nicht verarbeitungsfähig. Unmittelbar vor dem Drehen muß er erst noch mit der Hand gut durchgeknetet werden. Das Ziel dieses Knetvorganges ist es, eine völlig gleichmäßige, luftblasenfreie Paste zu erhalten. Luftblasen können sich sehr störend beim Zentrieren auswirken und ein Gefäß auf der Scheibe zum »Tanzen« bringen. Ist in einer Gefäßwand Luft eingeschlossen, besteht außerdem die Gefahr, daß diese sich durch die Erwärmung im Ofen

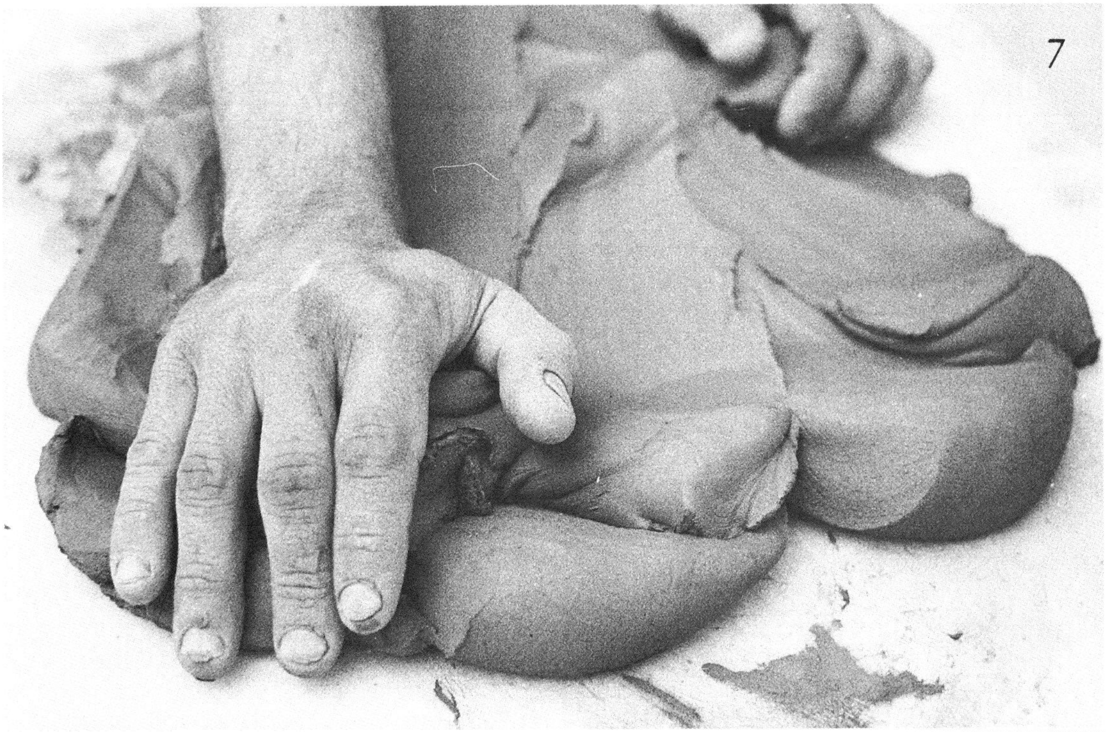
7

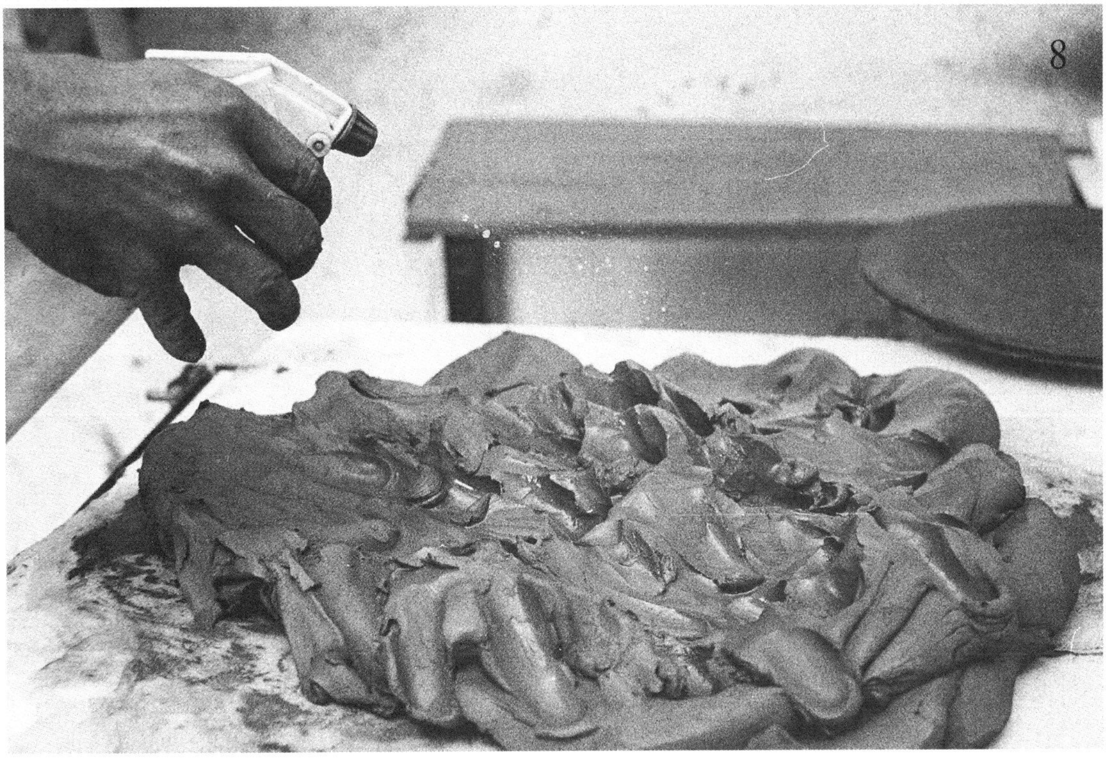
8

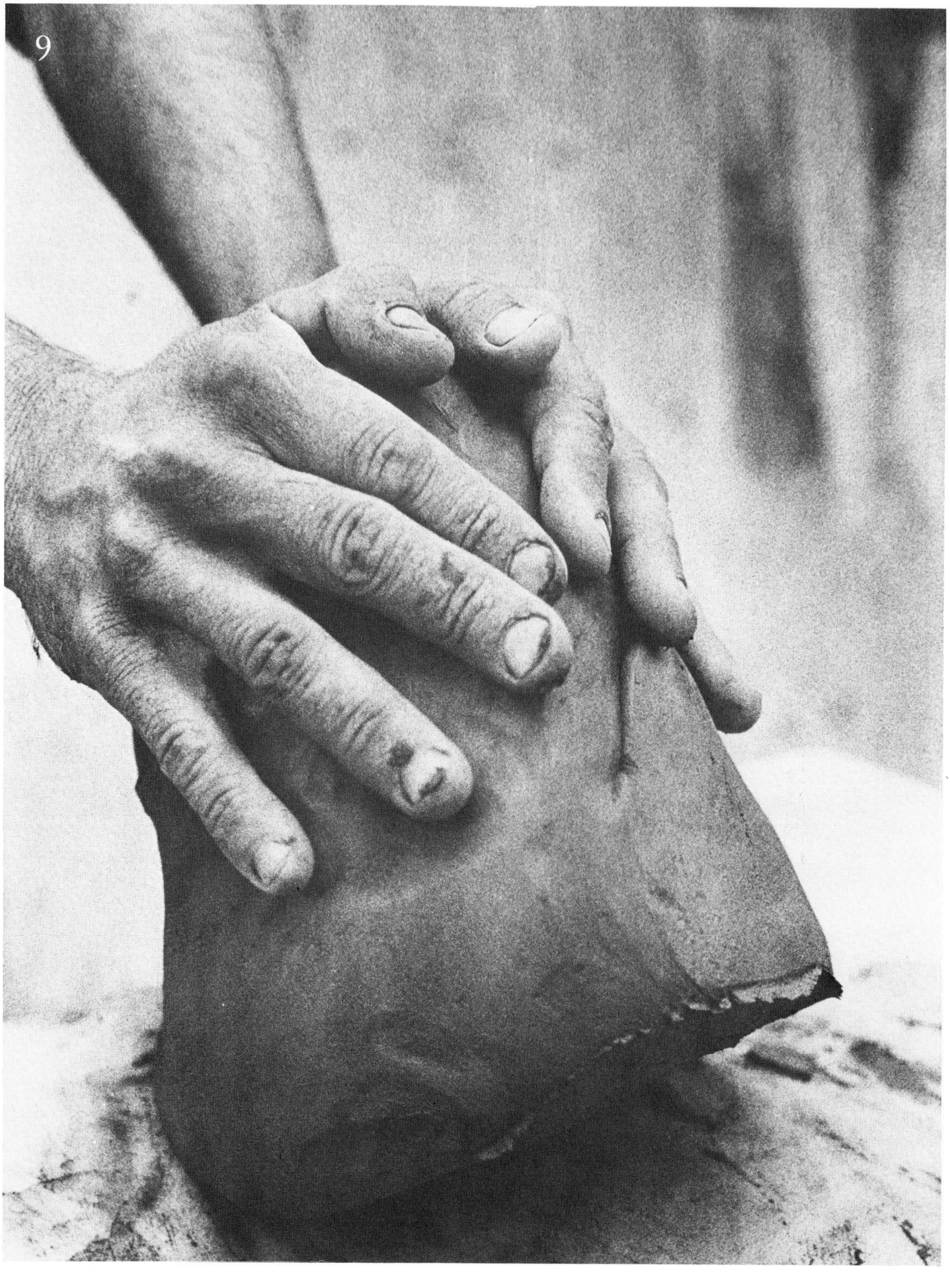
9

ausdehnt und das Gefäß beim Brennen explodiert, wodurch der gesamte Ofeninhalt betroffen werden kann. Wenn die Paste nicht von gleichmäßiger Konsistenz ist, dann werden beim Drehen die festen Stellen anders beeinflußt als die weicheren. Dies führt zu Unebenmäßigkeiten in der Wandungsstärke, zur Dezentrierung des Gefäßes, wenn nicht gar zum Zusammenbruch desselben. Das gründliche Durchkneten des Tons vor der Verarbeitung auf der Scheibe ist also unerläßlich, und man sollte es nicht als mühseliges zu erledigendes Pensum betrachten, sondern als erste Kontaktaufnahme mit dem Medium Ton.

Für das Kneten des Tons ist eine adäquate Unterlage wichtig. Sie sollte sich etwa auf Handgelenkshöhe befinden und so stabil sein, daß Sie ihr ganzes Körpergewicht beim Kneten einsetzen können. Ist der Ton sehr naß, saugt eine Gipsunterlage die überschüssige Feuchtigkeit auf. Hat er die richtige Konsistenz, so kann Holz, Stein oder Zement empfohlen werden. Wenn Sie eine Gipsunterlage benutzen, so müssen Sie unbedingt darauf achten, daß diese abgerundete Kanten hat und daß nicht etwa durch Kratzen mit dem Spachtel Gipsteilchen in den Ton gelangen. Ton und Gips vertragen sich nicht.

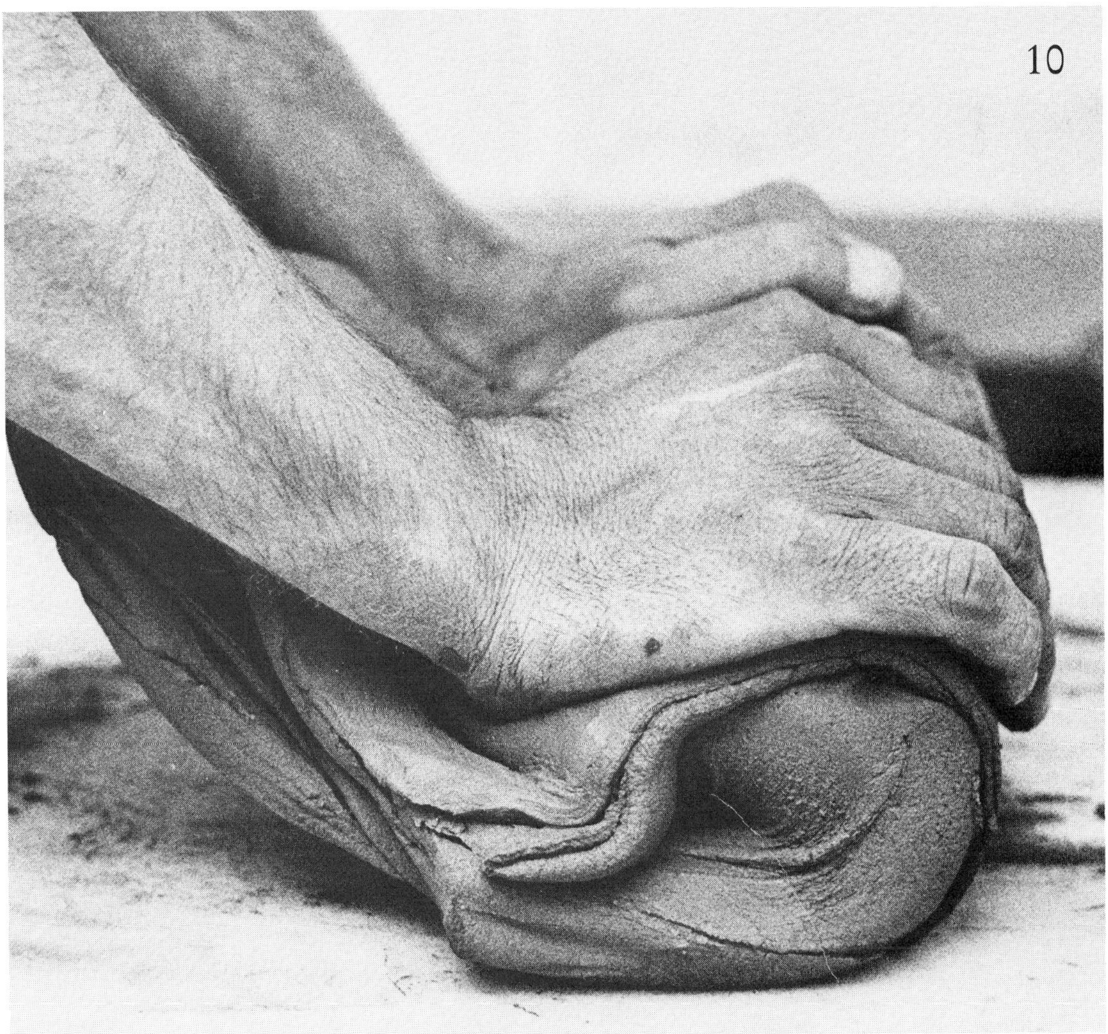

Ist der Ton sehr ungleichmäßig, mit vielen festen Teilchen, wie zum Beispiel wiederaufbereitete Reste, oder hat er viele Unreinheiten, wie das manchmal bei selbstgesuchtem Ton der Fall ist, dann breiten Sie ihn des öfteren während des Knetens mit dem Handballen auf der Unterlage aus (**7**). Zum einen erfühlt man dadurch mit der Hand die Unebenheiten und kann sie entfernen oder zwischen den Fingern zerquetschen, zum anderen wird dadurch eine bessere Vermischung fester und weicher Teile erreicht. Ist der Ton zu naß, so behandelt man ihn auf die gleiche Weise auf einem Gipsblock, der dem Ton das Wasser entzieht. Fällt das Kneten schwer, weil die Paste zu trocken ist, breiten Sie sie mit dem Handballen aus und drücken mit den Fingerspitzen Dellen hinein, um die Oberfläche möglichst groß zu gestalten. Mit dem Zerstäuber wird nun Wasser aufgesprüht, das der Ton schnell aufnimmt (**8**). Wiederholen Sie das Verfahren, falls notwendig.
Es gibt verschiedene Methoden, den Ton zu kneten. Lassen Sie mich hier eine effektive und leicht erlernbare Art und Weise darstellen:
Trennen Sie sich einen Tonklumpen ab, der für den Anfang nicht zu klein und nicht zu groß sein sollte, aber größer als Sie mit beiden Händen umfassen können. Zur Bearbeitung des Tonklumpens benützen Sie im wesentlichen die Handballen und die Fingerspitzen.
Heben Sie mit den Fingerspitzen die von Ihnen entfernte Seite des Tonklumpens an und rollen Sie ihn etwa eine Vierteldrehung auf sich zu (**9**).

11

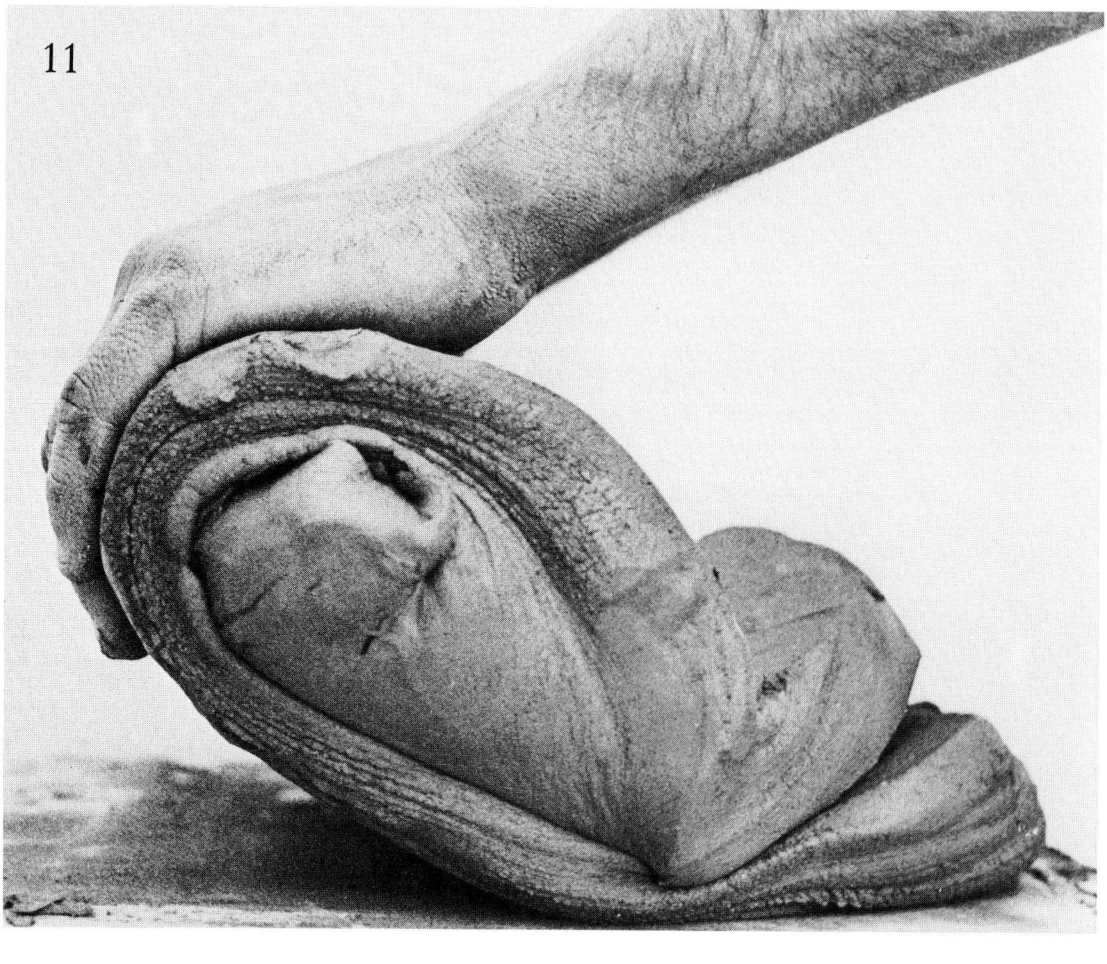

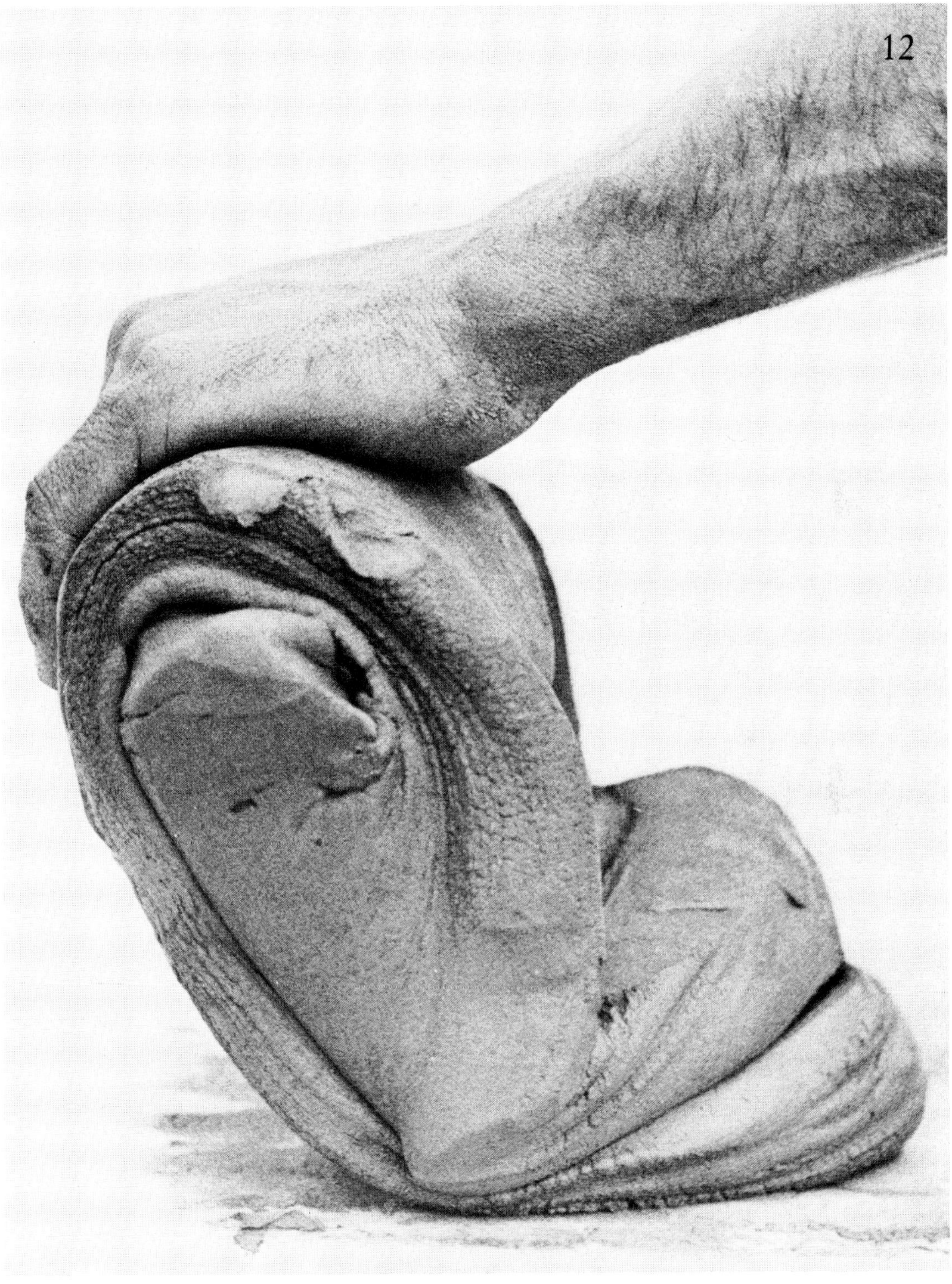
12

Die Bewegung geht jetzt auf die Handballen über, die nach unten und von Ihrem Körper weg drücken (**10**). Setzen Sie beim Kneten nicht nur Ihre Hände, sondern den ganzen Körper ein, stellen Sie sich auf die Zehenspitzen und üben Sie Druck mit dem ganzen Körpergewicht aus.
Durch die ständige Wiederholung der fließenden Bewegung, dem Anheben mit den Fingerspitzen (**11, 12**) und dem Niederdrücken mit den Handballen (**10**), erhalten Sie nach kurzer Zeit eine Rolle mit zungenähnlicher Ausbuchtung, die auf Sie zu zeigt und auf der ganz deutlich die Falten jeder einzelnen Druckbewegung sichtbar sind (**13**).
Dehnt sich die Rolle seitlich zu sehr aus, trennen Sie die Extreme mit einer Drehbewegung ab, schlagen die beiden Klumpen fest auf die Mitte der Rolle auf und fahren mit der Knetbewegung fort. Rollen Sie dann die »Zunge« mit mehreren schwächeren Druckbewegungen ein, stellen Sie die Tonrolle aufrecht und kneten Sie in Längsrichtung weiter (**14**).
Man kann schlecht in Zahlen angeben, wie oft Sie den Knetvorgang wiederholen müssen, bis die Masse drehfähig ist. Dem Anfänger nützt es sicher nicht viel, wenn man ihm sagt, daß der Punkt dann erreicht ist, wenn eine gleichmäßige, feste, kompakte Paste entstanden ist. Wie noch oft auf diesen Seiten, müssen wir auf die Übung und Erfahrung verweisen. Irgendwann hat man es »in den Fingerspitzen«. Bis dahin machen Sie einmal den Test mit zwei verschiedenfarbigen Tonen, die Sie so lange kneten, bis sie völlig vermischt sind. Oder Sie schneiden eine Rolle, von der Sie glauben, daß sie gut durchgeknetet ist, mit dem Draht in Scheiben und untersuchen sie auf vorhandene Luftblasen (**15**). Die Scheiben schlagen Sie dann fest aufeinander und kneten sie

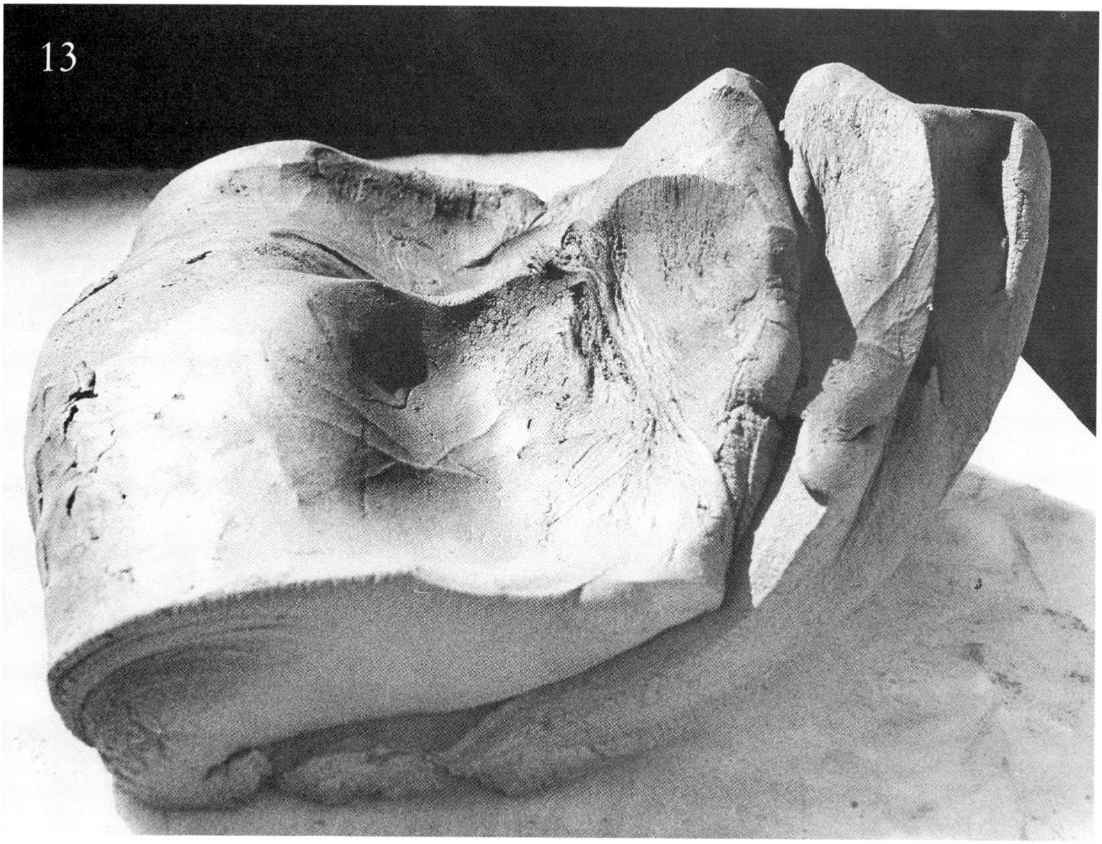

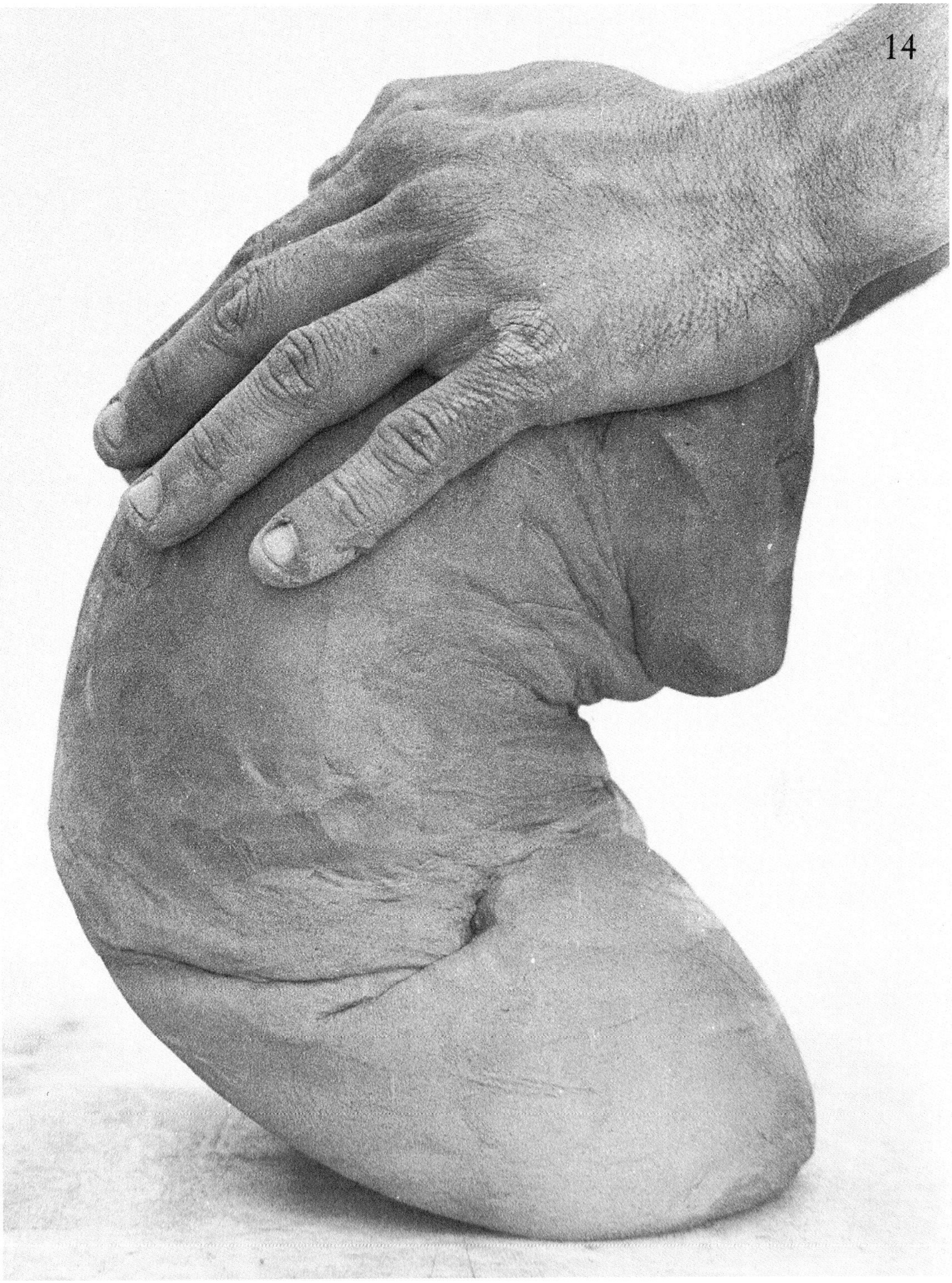
14

noch einmal gründlich. Besonders letztere Übung empfiehlt es sich anfangs häufiger vorzunehmen, denn nicht jeder Tonklumpen, der außen schön glatt aussieht, ist auch innen gut durchgearbeitet.

Man kann den Ton allerdings auch überarbeiten. Durch zu langes Kneten wird er von den Händen warm und ermüdet. Dann läßt man ihn am besten bis zum nächsten Tag ruhen und walkt ihn noch einmal kurz durch, bevor man ihn weiterverwendet.

Man kann nicht genügend darauf hinweisen, daß das Kneten die wichtigste Voraussetzung für ein gutes Drehen ist, und schon mehr als ein Gefäß mißlang, weil der Ton schlecht vorbereitet war.

Um die Tonrolle schließlich »scheibengerecht« zu machen, rollen Sie sie mit kurzen, schnellen Bewegungen auf der Unterlage hin und her. Während Sie die Rolle auf ihren Körper zubewegen, wird sie leicht angehoben, so daß sie auf der Stelle zu rollen scheint. Dabei übt eine Hand etwas mehr Druck aus als die andere, und der Tonklumpen nimmt Kegelform an (**16**). Schlagen Sie den Kegel dann mit dem dickeren Ende leicht auf und tätscheln Sie die Oberfläche endgültig zu einer gleichmäßig konischen Gestalt.

Haben Sie eine größere Menge Ton vorbereitet, teilen Sie diese entsprechend dem Drehvorhaben in mehrere kleine Klumpen, die dann zu Kegeln geformt werden. Bereiten Sie sich am besten einige solcher Kegel vor, bevor Sie sich an die Scheibe setzen, denn am Anfang werden Sie sicher viel »verschleißen«, bevor Sie ein ordentliches Gefäß hinkriegen. Wickeln Sie die übrigen Kegel bis zum Gebrauch in Plastikfolie, damit die Oberfläche nicht austrocknet, während Sie arbeiten. Wenn Sie die fertigen Kegel allerdings länger liegen lassen, etwa bis zum nächsten Tag, müssen Sie sie noch einmal durchwalken, bevor Sie sie benutzen können.

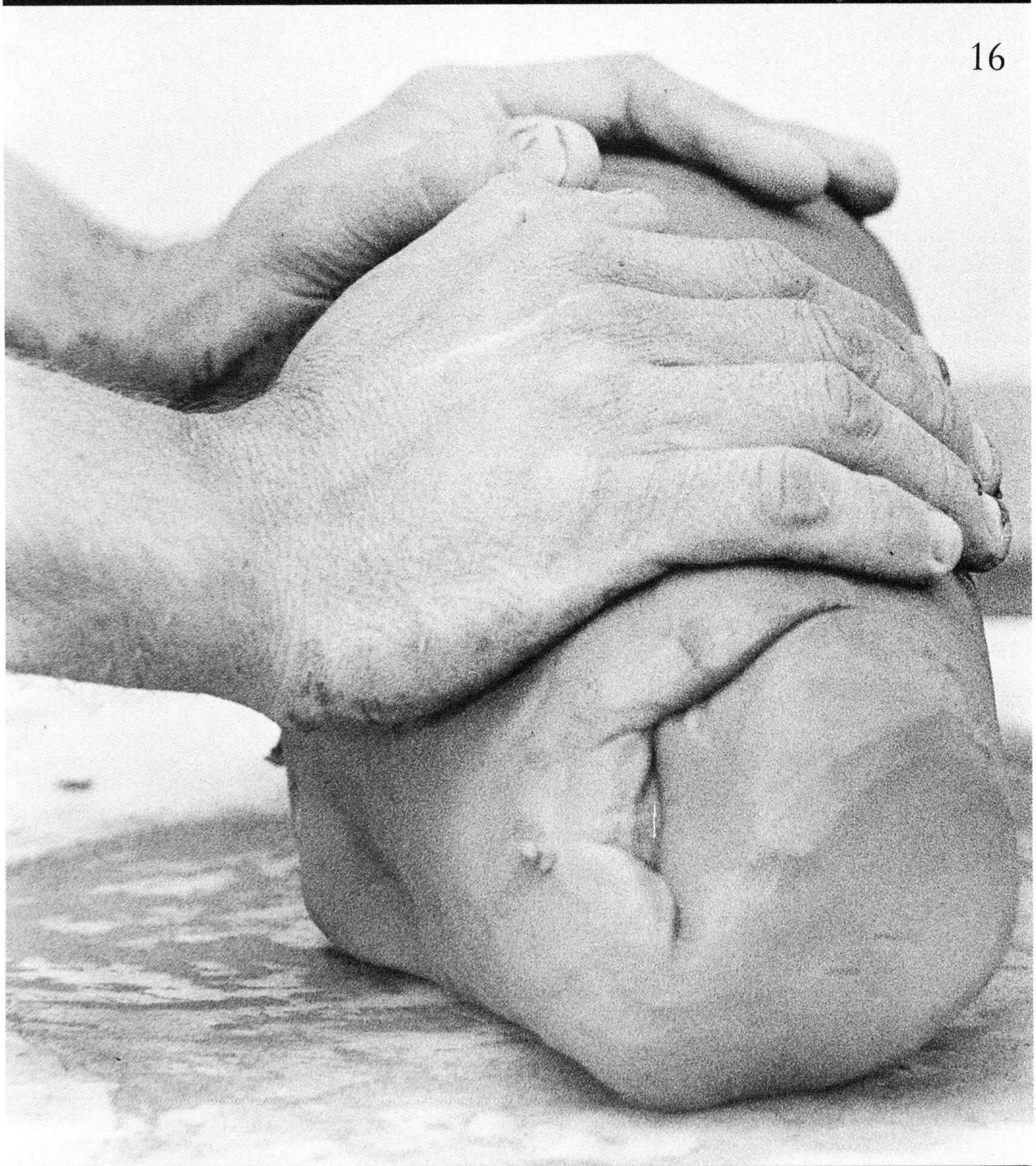

16

Die Arbeit an der Töpferscheibe

Das Zentrieren

Zentrieren bedeutet, den Tonkegel in eine genau zentrische Position über der Scheibenachse zu bringen. Es ist der entscheidendste und anfangs vielleicht schwierigste Schritt auf dem Wege zur Beherrschung des Tons. Hier müssen Sie zum erstenmal beweisen, daß Sie den Ton dominieren und nicht umgekehrt.
Schlagen Sie den vorbereiteten Tonkegel leicht auf den trockenen Scheibenkopf, so genau wie möglich in der Mitte, die eingravierten Ringe auf der Scheibe helfen Ihnen dabei. Drücken Sie den unteren Rand mit dem Finger an (**17**) und befeuchten Sie dann die Hände. Wasser müssen Sie bei allen Drehvorgängen in bequemer Reichweite stehen haben, denn das Wasser wirkt als Gleitmittel zwischen Ton und Hand.
Beim Zentrieren zwingen Sie den Tonbatzen in eine von Ihren Händen vorgegebene Form, und das geschieht im wesentlichen durch zwei Bewegungsrichtungen: Erst in der Waagerechten nach

17

innen, um den Ton in eine gleichmäßige Umlaufbahn zu bringen. Durch das Schieben auf den Scheibenmittelpunkt hin weicht die Masse nach oben aus. Die nächste Bewegung geht deshalb in der Senkrechten nach unten, damit der Kegel nicht zu hoch und zu dünn wird. Diesen beiden Vorgängen, dem Hochziehen und dem Niederdrücken, entsprechen bestimmte Handstellungen, die im folgenden besprochen werden sollen.
Setzen Sie sich locker an die Drehscheibe, der Scheibenkopf befindet sich zwischen Ihren Oberschenkeln. Bringen Sie die Scheibe auf hohe Geschwindigkeit und beugen Sie sich weit über den kreisenden Tonkegel. Die Ellenbogen stützen sich am Körper ab, oder die Unterarme liegen auf dem Oberschenkel oder dem Spritztrog auf. Diese Festpunkte sind notwendig, damit Arme und Hände Druck ausüben können, ohne sich von dem noch dezentrierten Tonklumpen mitreißen zu lassen.
Die linke Hand ist am Gelenk nach außen abgewinkelt, die Finger liegen locker gebogen, wie es natürlich ist bei dieser Stellung. Der Handballen empfängt das Gewicht des rotierenden Tonklumpens und schiebt in Richtung Scheibenzentrum (**18**). Wichtig dabei ist, ich muß es noch einmal wiederholen, daß der Ellenbogen einen Stützpunkt am Körper findet, um der Kraft des ungleichmäßigen Tonballens zu widerstehen.
Die rechte Hand steht der linken gegenüber. Die Fingerleiste, das heißt der obere Teil der Handfläche, berührt hier den Ton und drückt, bzw. zieht gleichfalls in Richtung Scheibenmitte (**18**). Aufgabe der rechten Hand ist es, den Schub, den die linke Hand dem Ton gibt, aufzufangen und ihn in die richtige Bahn zu lenken.
Dicht über dem Scheibenkopf greifen die Hände in der beschriebenen Stellung am Tonbatzen an (**19**) und werden dann langsam nach oben geführt (**20**).
Denken Sie beim Arbeiten an der Scheibe immer daran, alle Bewegungen langsam und gleichmäßig auszuführen. Ein Schlag oder Stoß würde den Ton dezentrieren, und es wäre noch schwieriger als anfangs, ihn wieder in die richtige Bahn zu zwingen.
In dem Maße, in dem sich der Tonkegel nach oben hin verjüngt, verengt sich auch der Durch-

18

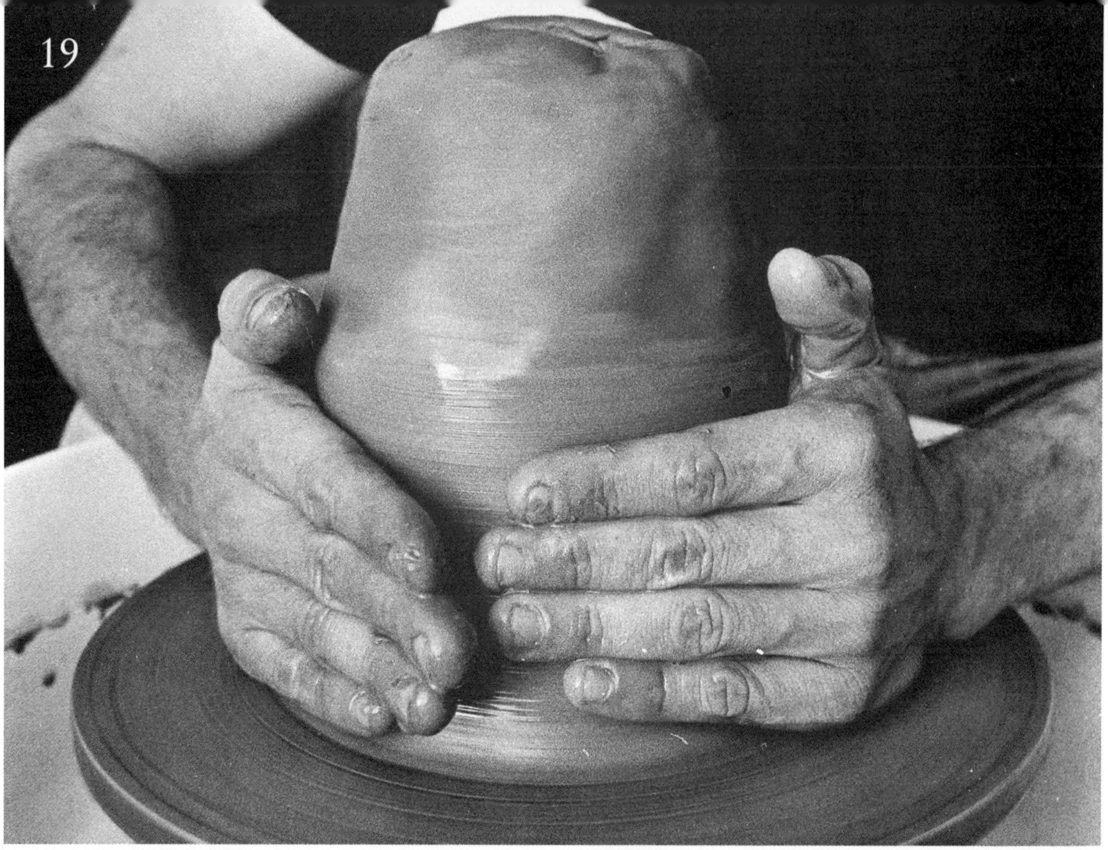
19

20

messer des Kreises, den Ihre Hände bilden. Sind Sie am oberen Ende des Kegels angekommen, schließt sich der Daumen der linken Hand über die Kante, um der Spitze eine konische Form zu geben (**21**). Öffnen Sie dann langsam die Hände und lassen Sie los. Führen Sie die Hände immer nur bis zum oberen Rand, nicht über die Kegelspitze hinaus.

Der Kegel müßte jetzt insgesamt höher und schlanker geworden sein. Ist er das nicht, dann haben Sie nicht genügend Druck ausgeübt, Ihre Hände haben sich vom Ton bewegen lassen und nicht umgekehrt. Hat sich am oberen Ende ein schalenähnlicher Hohlraum gebildet, so ist das ein Zeichen dafür, daß Sie nicht genügend Kraft in Richtung auf das Scheibenzentrum angewandt haben. Sie haben dann nur die äußere Tonschicht des Kegels mit nach oben genommen. Ein solch schlickergefüllter Hohlraum muß vor dem Weiterarbeiten entfernt werden, um beim späteren Freidrehen keine bösen Überraschungen zu erleben. Ist der Kegel spiralförmig verdreht, dann war die Aufwärtsbewegung der Hände zu schnell, und hat sich etwa gar der obere Teil des Kegels »abgedreht«, dann ist offensichtlich, daß an einem bestimmten Punkt der Druck zu stark ausgeübt wurde. Halten Sie sich immer vor Augen, daß der Ton selbst nichts tut, er ist eine träge Masse und reagiert nur auf das, was Sie mit ihm tun. Alle Veränderungen der Form sind also auf Bewegungen Ihrerseits zurückzuführen.

Feuchten Sie für den nächsten Schritt die Hände wieder an. Nehmen Sie immer dann, wenn sich der Ton trocken anfühlt, die Hände langsam weg, tauchen Sie sie ins Wasser, streifen Sie die überschüssige Flüssigkeit ab und setzen Sie allmählich wieder da an, wo Sie losgelassen haben.

Während beim Hochziehen des Kegels beide Hände mehr oder weniger dieselbe Funktion ausübten, sind die Aufgaben der linken und der rechten Hand beim Niederdrücken des Kegels notwendigerweise verschieden. Den Hauptdruck übernimmt in diesem Fall die rechte Hand und zwar mit der Handkante. Diese setzt, auf das

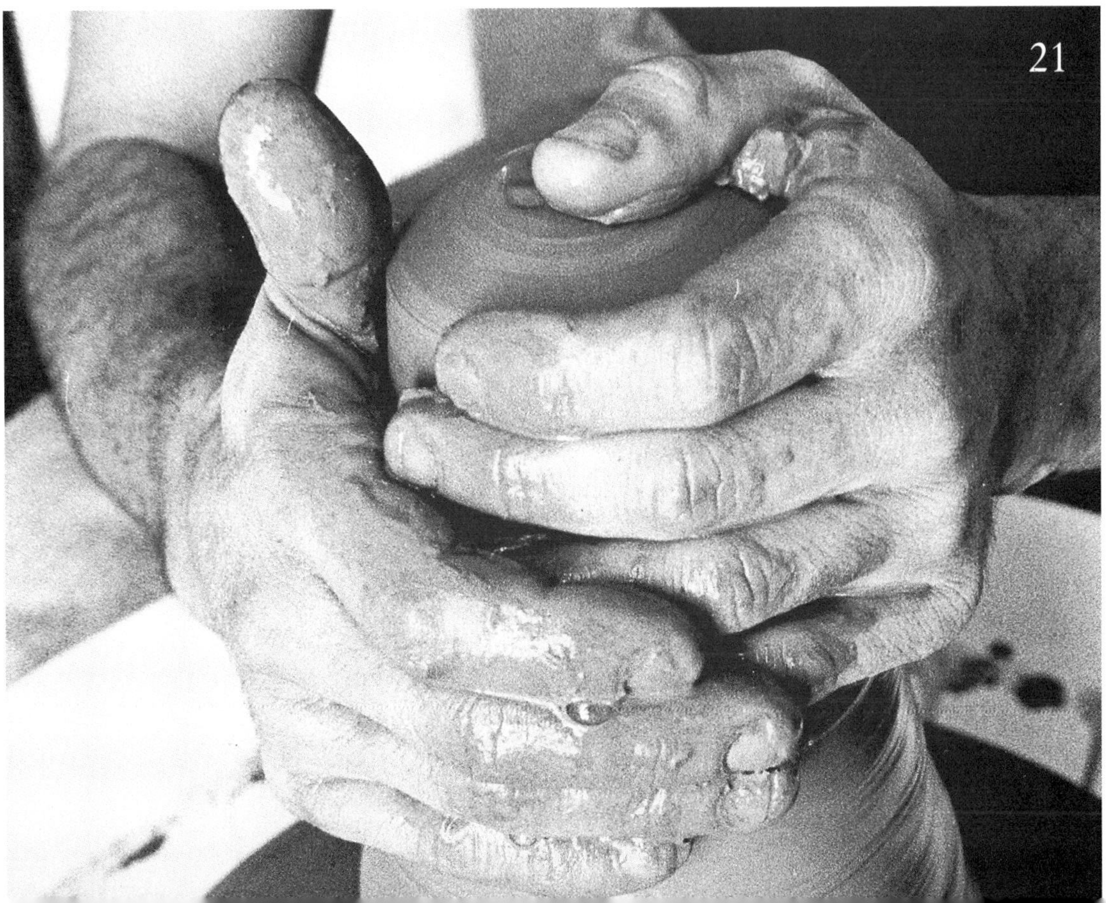

21

22

23

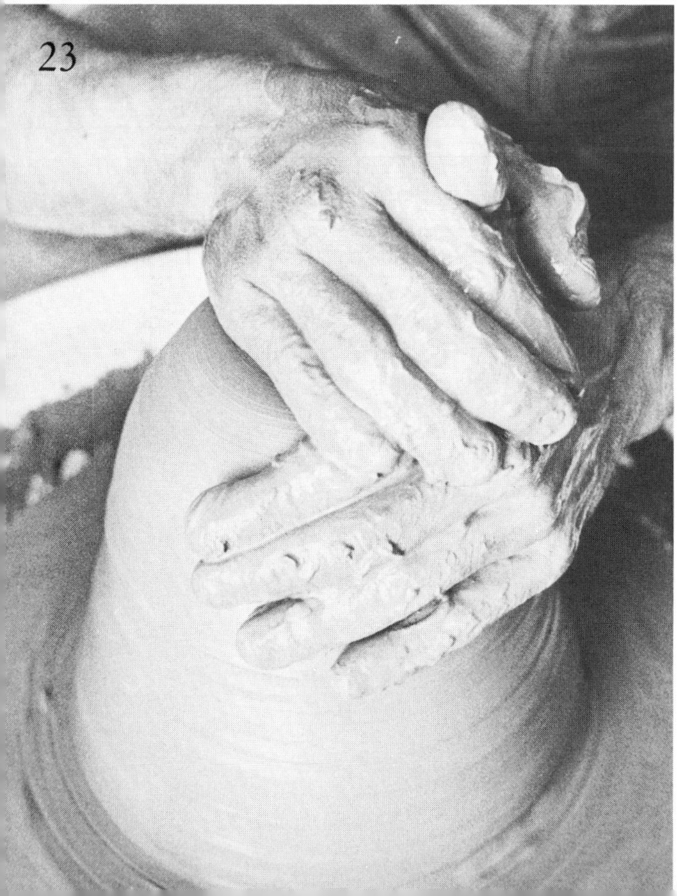

Zentrum des Kegels gerichtet, auf der Kuppe desselben an und zwingt den Ton waagerecht nach unten (**22**). Die linke Hand setzt den Daumenballen zum Arbeiten ein. Er hat die Aufgabe, den Tonkegel seitlich in Form zu halten, und schiebt in Richtung auf das Scheibenzentrum. Legen Sie den Daumenballen nicht ganz senkrecht an, sondern leicht zur Mitte hin geneigt, so daß die konische Form der Kuppe nicht verlorengeht (**22**). Die Arme sind wie immer am Körper abgestützt, und die Hände verschlingen sich miteinander, die Fingerspitzen der rechten Hand legen sich auf das untere Glied des linken Zeigefingers (**23**). Durch diese Verbindung der Hände wird eine sichere und entschiedene Handführung erreicht, und man sollte in jeder Phase des Töpferns darauf achten, daß, wo immer möglich, die Hände zusammenkommen und sich gegenseitig unterstützen.

Logischerweise muß, um den Tonkegel in eine gedrungene Form zu bringen, die Handkante der rechten Hand mehr drücken, als der Daumenballen der linken Hand schiebt (**24**). Drücken Sie den Kegel aber nicht zu weit zusammen. Er sollte immer etwas höher als breit bleiben, damit ein erneutes Hochziehen nicht zu schwierig wird und sich keine Höhlung auf der Kuppe ergibt. Vermeiden Sie vor allen Dingen auch, daß sich beim Niederdrücken eine Pilzform bildet. Diese entsteht durch zu wenig seitlichen Druck vom linken Daumenballen. Versuchen Sie jedoch nicht, wenn das Malheur einmal passiert ist, durch heftiges Schieben wieder auszugleichen. Dadurch könnte der Wulst nach unten überlappen und Wasser und Schlicker mit einschließen. Nehmen Sie die Hände allmählich weg und setzen Sie langsam am Pilzkragen an, und zwar mit der Handstellung, die für das Hochziehen des Kegels beschrieben wurde.

Bis der Tonkegel richtig zentriert ist, werden Sie das Hochziehen und Niederdrücken mehrere Male wiederholen müssen. Vor dem zweiten Hochziehen empfiehlt es sich, den unregelmäßigen unteren Rand des Tonkegels, dort wo er auf der Scheibe aufliegt, zu versäubern und den überschüssigen Ton wegzunehmen, denn an diese Stelle gelangen Ihre Hände beim Zentrieren

24

25

26

27

nicht. Schützen Sie, wenn nötig, die Fingerspitzen Ihrer rechten Hand mit einem Schwämmchen und gleiten Sie auf der rotierenden Scheibe damit nach innen, bis der Kegelfuß erreicht ist und sich eine leichte Vertiefung zeigt (**25**). Die linke Hand kann dabei auf die rechte drücken, um ihr so mehr Kraft zu verleihen. Dieses Versäubern des Fußes ist bei allen Drehvorgängen sehr hilfreich und sollte des öfteren ausgeführt werden.
Damit Sie beim nächsten Hochziehen richtig zupacken können, drücken Sie anschließend direkt über der Scheibe mit den Handkanten eine Kerbe in den Kegelfuß (**26**).
Die nächste Abbildung (**27**) zeigt ein kraftvolles erneutes Hochziehen, bei dem die Kegelspitze sogar ein wenig aus der Drehachse ausweicht. Dies ist sowohl beim Hochziehen als auch beim Niederdrücken keine Seltenheit und zeugt von der Manipulierbarkeit und Plastizität des Tons. Solange man nicht die Hände in dieser Phase abrupt wegnimmt, kann nichts passieren.

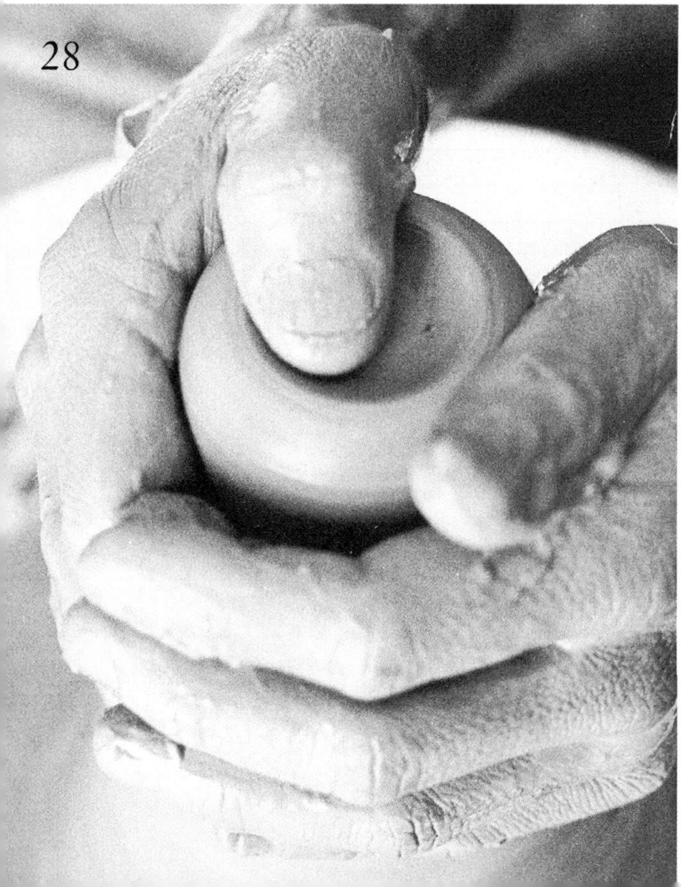
28

29

Der Tonkegel ist dann zentriert, wenn er völlig rund und gleichmäßig läuft, ohne daß eine Hand, die ihn seitlich leicht berührt, an bestimmten Stellen nach außen gedrückt würde. Der letzte Schritt war eine leichte Druckbewegung nach unten, um den Kegel in die gewünschte Form zu bekommen. Während die Scheibe noch auf hoher Geschwindigkeit läuft, gleiten die Hände an die Seite der Kegelkuppe und der Daumen der rechten Hand neigt sich darüber, so daß auf dem Zentrum der Kuppe eine leichte Delle entsteht (**28**). Diese Vertiefung ist für den folgenden Schritt, das Aufbrechen des Tonkegels, ausgesprochen hilfreich.

Der bis hierher beschriebene Zentriervorgang gilt für mittlere bis große Tonbatzen. Kleine Tonkugeln, die leicht mit beiden Händen umfaßt werden können, bezwingt man in einem Arbeitsgang: Der linke Handballen drückt waagerecht nach innen, dem Zentrum der Scheibe zu, die rechte Handkante drückt senkrecht nach unten (**29**). Auch hier wieder stehen beide Hände in Verbindung miteinander.

Zylindrische Formen

Wie bereits erwähnt, bestehen grundlegende Unterschiede zwischen dem Drehen zylindrischer und flacher Formen, denen man schon beim Zentrieren Rechnung tragen muß. Lassen Sie mich hier auf die Herstellung zylindrischer Gefäße eingehen, und zwar auf solche mittlerer Größe, an denen die einzelnen Arbeitsschritte am besten zu erkennen sind. Für kleine Gefäße und für besonders große und die entsprechenden Tonmengen gelten etwas andere Handhaltungen, die in den Kapiteln »Drehen vom Stock« und »Das Drehen großer Stücke« ausführlich besprochen werden.

Das Aufbrechen des Tonkegels

Je nach Gestalt des zu drehenden Gefäßes ist der Tonbatzen schlanker oder gedrungener zu zentrieren. Halten Sie sich vor Augen, daß der untere Durchmesser des zentrierten Kegels den maximalen Bodendurchmesser Ihres Gefäßes darstellt. Der obere Teil des Kegels ist abgestumpft, mit einer leichten Vertiefung nach innen, die, wie im letzten Schritt des Zentriervorganges beschrieben, der ausgestreckte Daumen eindrückt.

Um den Ton aufzubrechen, das heißt, aus einem kompakten Tonbatzen eine umlaufende Wandung zu machen und anschließend auch den Boden zu setzen, gibt es im wesentlichen zwei Möglichkeiten: eine unter Zuhilfenahme beider Daumen, die andere mit den Fingern der rechten Hand. Beide Methoden sollen hier aufgezeigt werden, damit der Übende beide ausprobieren und sich nach seinen Neigungen für eine entscheiden kann. Auch eine Kombination der beiden ist möglich. Auf jeden Fall muß die Geschwindigkeit der Scheibe leicht reduziert werden.

✲ *Aufbrechen mit den Daumen:*
Die Hände setzen an der von Ihnen abgewandten Seite des Tonkegels an. Der Ton läuft in die Handfläche der linken Hand, die somit den Durchmesser des Kegels kontrolliert. Der Zeigefinger dieser Hand liegt fast parallel zur abgerundeten Oberkante des Kegels, der Daumen locker über dic Kante geneigt. Auch die rechte Hand legt sich an den Kegel an, die Daumenkuppe

30

sucht den toten Punkt im Zentrum des rotierenden Kegelstumpfes. Ist dieser gefunden, drückt der Daumen langsam nach unten (**30**). Bei größeren Tonmengen, bei denen das Loch notwendigerweise tiefer werden muß, greift auch der andere Daumen in die Öffnung (**31**), und beide drücken, bis die gewünschte Tiefe erreicht ist. Die Druckrichtung ist nicht genau senkrecht, sondern leicht nach außen geneigt, was den oberen Durchmesser der entstehenden Öffnung größer werden läßt. Dadurch ist die Tiefe des Loches besser zu kontrollieren.
Lassen Sie nicht zu, daß der rotierende Tonkegel Ihre Hände mitschleift, und achten Sie vor allem auf die Finger der linken Hand, die nur leicht auf dem Ton aufliegen dürfen, da sie gegen die Drehrichtung zeigen. Anfängern passiert es gelegentlich, daß sie in der Hitze des Gefechtes die Finger verkrampfen und die Fingerspitzen in den Ton bohren, was zur Folge hat, daß die ganze Hand weggerissen und die Symmetrie des Kegels zerstört wird.

31

32

✻ *Aufbrechen mit den Fingern der rechten Hand:*
Die linke Hand nimmt dieselbe Haltung ein wie beim Zentrieren, allerdings ein wenig mehr zu Ihrem Körper hingerückt, eher vor Ihnen als seitlich. Der Handballen empfängt den Ton und kontrolliert den Radius des Kegels. Der Daumen der rechten Hand stützt sich auf den Handrükken der linken, und die Fingerspitzen, besonders die des Mittelfingers, suchen den Ruhepunkt im Zentrum des kreisenden Kegels, um dort langsam nach unten zu drücken (**32**).

Beachten Sie, daß auch hier wieder die Hände miteinander in Verbindung stehen, um eine ruhige Handhaltung zu sichern. Auch beim Aufbrechen mit den Fingern ist die Druckrichtung nicht ganz senkrecht, sondern leicht Ihrem Körper zugeneigt, damit das Auge die Öffnung besser beobachten kann (**33**).

Ein wichtiges Ziel des Aufbrechens, sei es durch die eine oder die andere Methode, ist die Etablierung der Bodenstärke (**34**). Anfangs ist man oft ganz schnell »durch«, das heißt, der Finger ist bis auf den Scheibenkopf durchgestoßen, oder beim Abschneiden des Gefäßes findet man es ohne Boden vor, weil dieser zu dünn geraten war. Natürlich passiert auch das Gegenteil: Aus Angst läßt man zuviel Ton stehen, womit der Topf unnötig schwer wird und man beim Abdrehen endlos viel Ton wegnehmen muß.

Rechnen Sie bei der Kalkulation der Bodenstärke mit ein, daß der Schneidedraht beim Abschneiden des Gefäßes von der Scheibe eine dünne Tonschicht auf dem Scheibenkopf hinterläßt. Als Richtmaß für die Bodenstärke kann man etwa einen Zentimeter vorgeben, was mit mehr Praxis eventuell noch verringert werden kann.

Mit der Übung lernen Sie auch das Abschätzen der Bodendicke durch den Vergleich von Innen und Außen des werdenden Gefäßes. Maßvergleichend arbeiten dabei sowohl das Auge als auch der Tastsinn. Bis Sie jedoch so weit geschult sind, daß Sie die Bodenstärke »im Griff haben«, benutzen Sie die Ahle oder Nadel, um die Dicke des

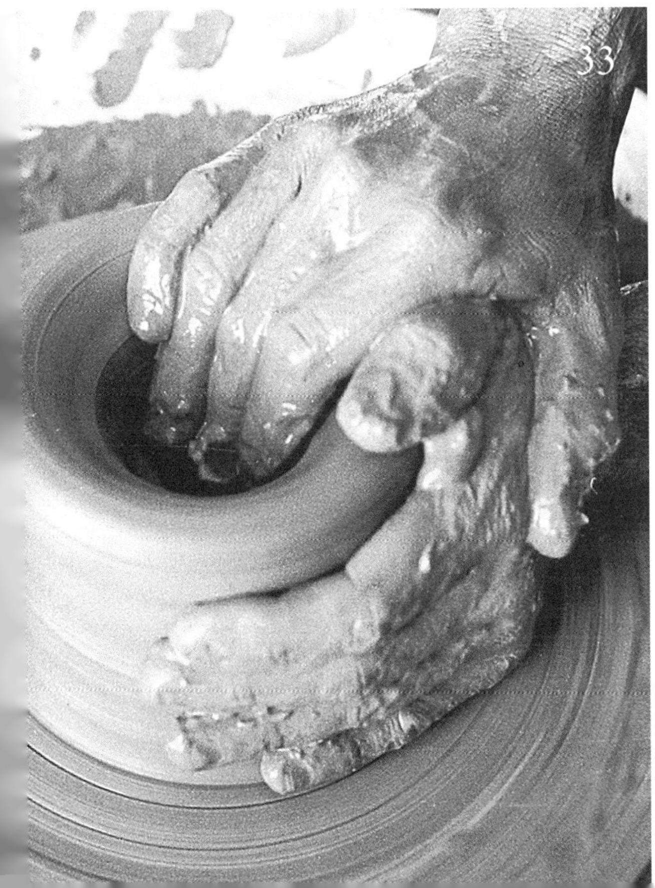

33

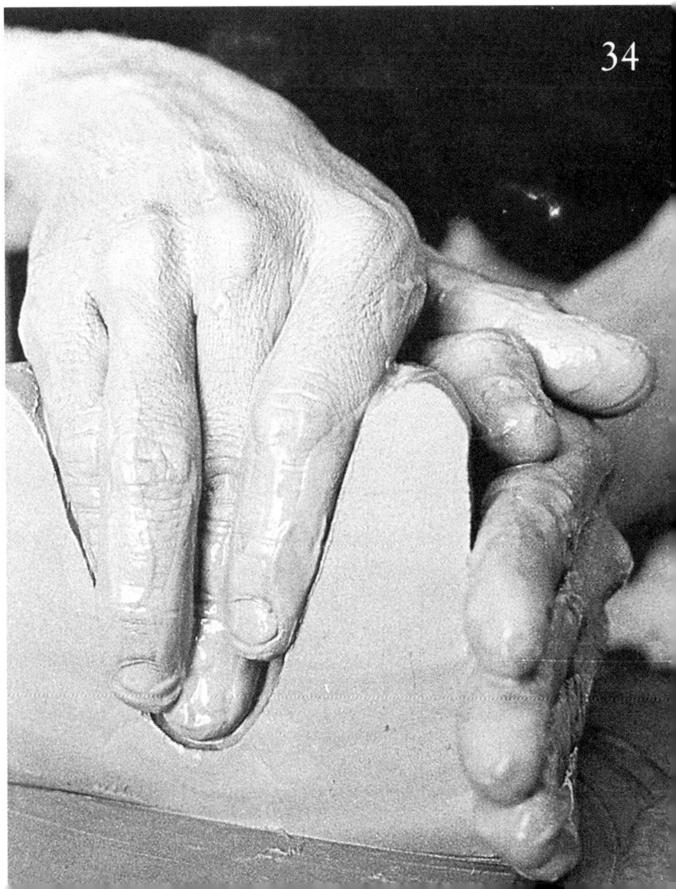

34

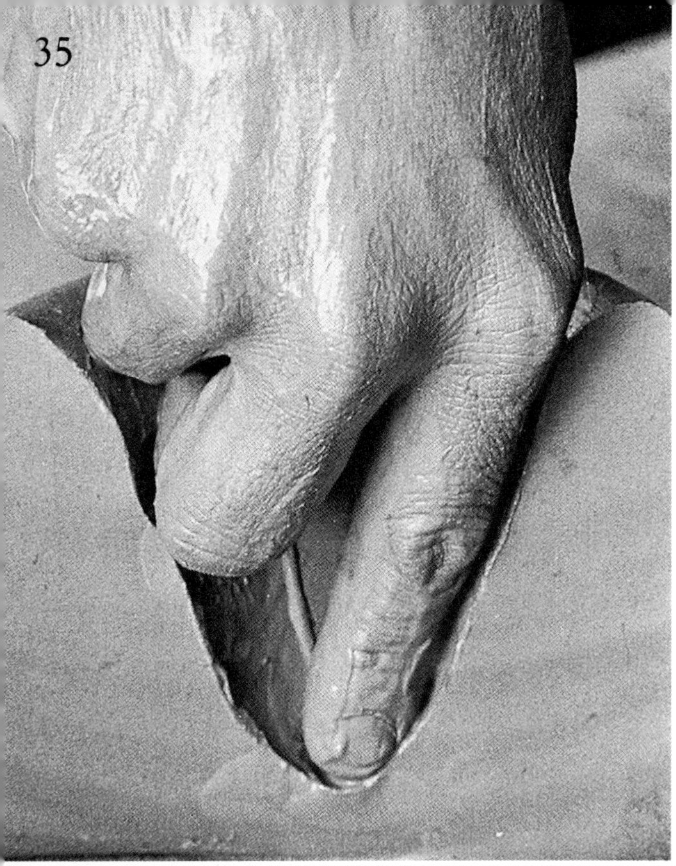

Tons auf dem Grund des aufgebrochenen Kegels festzustellen. Stechen Sie mit der Nadel durch den Boden bis auf den Scheibenkopf und markieren Sie mit der Fingerspitze, bis wohin der Ton reicht (**35**). Ziehen Sie Nadel und Finger zusammen aus der Öffnung: die Distanz zwischen Finger- und Nadelspitze entspricht der Bodenstärke.

Das Bodensetzen

Beim Bodensetzen werden, wie der Name andeutet, die Bodenstärke, der innere Durchmesser des Bodens und dessen Form festgelegt, und zwar definitiv. Während der Durchmesser noch in sehr geringem Rahmen verändert werden kann, sollte man immer bestrebt sein, die Bodenstärke und -form in einem Arbeitsgang zu beenden. Um diesen wichtigen und fast unwiderruflichen Schritt zu erleichtern, hat man schon beim Zentrieren auf eine adäquate Kegelform geach-

tet. Je nachdem, wie Sie die Art des Aufbrechens gewählt haben, fahren Sie nun mit dem Bodensetzen fort. Verringern Sie dazu wieder ein wenig die Geschwindigkeit der Scheibe.

✲ *Bodensetzen mit den Daumen:*
Auf der erwünschten Tiefe angekommen, drängen beide Daumen nach außen, vom Körper weg, und zwar in völlig waagerechter Richtung. Benutzt werden die Außenseiten der Daumenpolster, und je größer der Radius des Bodens wird, desto weiter entfernen sich die Daumen voneinander (**36**). Die Finger beider Hände bleiben möglichst miteinander in Kontakt, damit die Bewegung langsam und ruhig ausgeführt werden kann. Die Handflächen, und besonders die linke, verhindern eine allzugroße Ausdehnung des äußeren Durchmessers. Der Tonwulst, von innen und außen eingeschränkt, steigt zwischen Daumen und Handflächen in die Höhe.

✲ *Bodensetzen mit den Fingern der rechten Hand:*
Beide Hände bleiben in der gleichen Position wie beim Aufbrechen. Der rechte Daumen ist weiterhin auf dem linken Handrücken abgestützt und gibt so den Fingern der rechten Hand die Festigkeit, sich langsam in Richtung auf den Körper zu bewegen und dabei einen waagerechten Gefäßboden zu hinterlassen (**37**).
Die Hauptarbeit übernimmt wieder die Spitze des Mittelfingers, mit Rückenstütze der anderen Finger. Der Mittelfinger ist ein wenig gekrümmt, so daß im Anschluß an den Boden eine leichte Kerbe in dem hochdrängenden Tonwulst entsteht (**38**). Diese Rille darf nicht zu tief werden und es empfiehlt sich deshalb, immer mal wieder den Mittelfinger zu strecken und damit die Kerbe einzuebnen (**39**). Die linke Handfläche kontrolliert während des gesamten Prozesses den Außendurchmesser. Wenn der Boden den gewünschten Radius erreicht hat, lassen die Hände langsam los.
Gehen Sie beim Bodensetzen langsam und gründlich vor und achten Sie vor allem darauf, daß der Boden wirklich waagerecht wird und nicht das Zentrum tiefer liegt als der Rand oder in

37

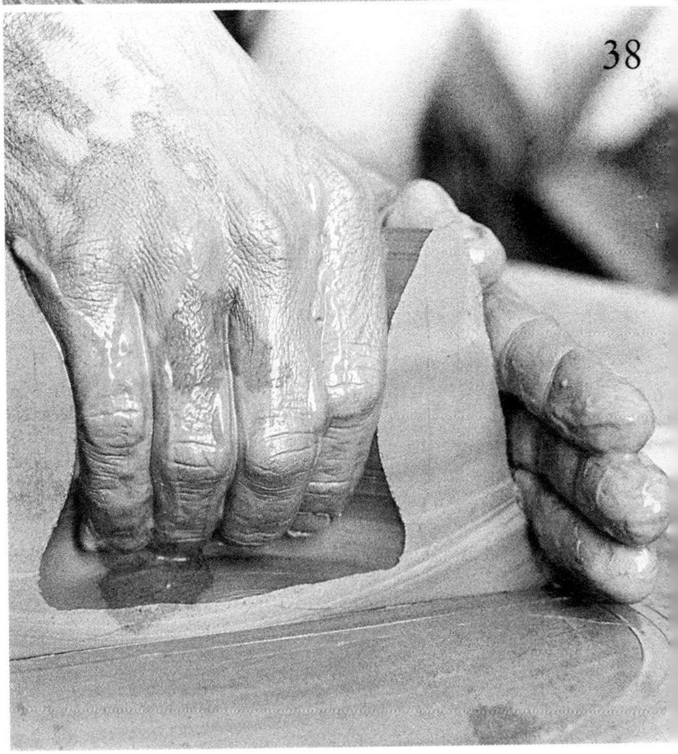
38

der Mitte eine kleine Kuppe stehenbleibt. Wenn Sie mit dem Mittelfinger den Boden setzen, werden dadurch wahrscheinlich mehr Rillen im weichen Ton hinterlassen, als wenn Sie mit den Daumen arbeiten, die eine größere Angriffsfläche bieten. Welche Methode Sie auch immer angewandt haben, kleine Unebenheiten und Rillen können Sie ausgleichen, indem sie mit den Spitzen von Zeige-, Mittel- und Ringfinger, die Sie auf eine Ebene gebracht haben, von innen nach außen und umgekehrt den Boden entlangfahren. Die linke Hand drückt dabei auf die rechte, um ihr Halt zu verleihen (**40**). Versuchen Sie sich immer daran zu erinnern, daß der obere Teil des aufsteigenden Tonwulstes ein wenig nach innen geneigt sein sollte.

Mit viel Übung wird man dahin gelangen, Aufbrechen und Bodensetzen in einer fließenden Bewegung auszuführen. Meist ist es jedoch notwendig, nach den einzelnen Schritten innezuhalten, Hände und Ton anzufeuchten und eine fußbetriebene Scheibe wieder auf Touren zu bringen. Je nach Vorliebe kann man dabei auch die Methode wechseln, zum Beispiel mit dem Daumen aufbrechen und dann mit dem Mittelfinger den Boden setzen. Hier gibt es kein allgemeingültiges Gesetz. Jeder Töpfer hat seine Eigenheiten und wird die Handgriffe für sich persönlich modifizieren.

Bevor Sie zum nächsten Schritt, dem Hochziehen der Wandung übergehen, sollten Sie sicher sein, daß der Tonzylinder noch zentrisch läuft und der obere Rand nicht wesentlich dünner geworden ist als der Rest der Wandung. Beide Fehler lassen sich beheben, indem man die dicke Tonwand durch einen ebenso breiten Kanal laufen läßt, der von Daumen und Zeigefinger der linken Hand, die beide gestreckt sind, gebildet wird. Die Handkante der rechten Hand drückt dabei leicht von oben, bis der Rand die gleiche Dicke wie die Wand erreicht hat (**41**). Dieses Vorgehen sollte man nach dem Bodensetzen zur Routine werden lassen, auch wenn es so aussieht, als seien Rand und Zentrierung in Ordnung.

39

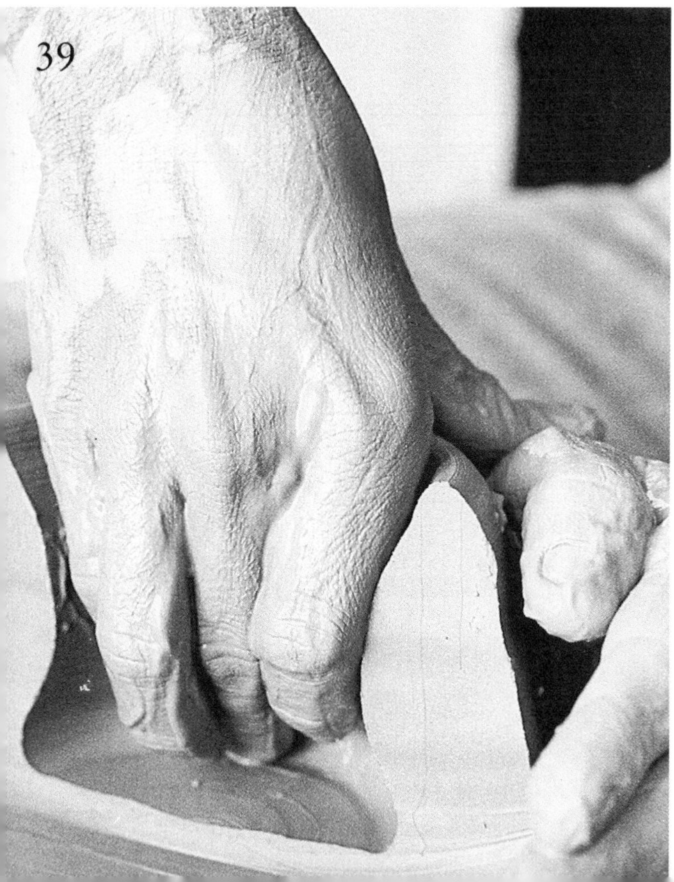

40

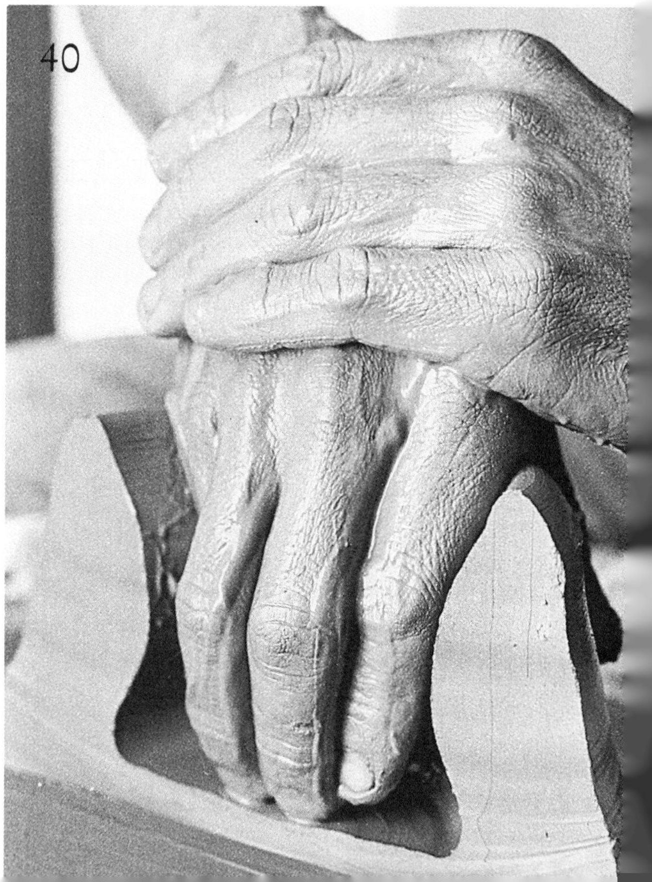

Das Freidrehen

Das Freidrehen besteht im wesentlichen aus zwei Arbeitsgängen: dem Hochziehen der Wandung, bei dem durch gleichmäßigen Druck von innen und außen aus einem dicken Tonwulst eine schlanke, ebenmäßige Wandung wird, und der anschließenden Formgebung, bei der durch Druckverteilung, durch Ausbuchten und Einziehen, das Gefäß seine endgültige Form erhält.

Hochziehen der Wandung

Hier gilt es, in möglichst nur drei Zügen durch gleichförmigen Druck der Hände, die am Scheibenkopf ansetzen und langsam nach oben geführt werden, einen ebenmäßig dünnwandigen Zylinder herzustellen. Dieser sollte leicht nach innen geneigt sein, und wir müssen die Wichtigkeit dieser Neigung immer wieder betonen. Sie macht den Zylinder der nach außen wirkenden Zentrifugalkraft gegenüber widerstandsfähig und hilft damit, die Zentrierung beizubehalten. Bevor Sie zum ersten Zug ansetzen, säubern Sie, wie beim Zentrieren beschrieben, den Fuß des Zylinders (25) und drücken dabei unmittelbar über dem Scheibenkopf eine leichte Kerbe in den Ton. Da jeder einzelne Zug in einer Bewegung vom Scheibenkopf bis zum oberen Rand ohne Absetzen geführt werden sollte, ist darauf zu achten, daß Hände und Ton gut angefeuchtet sind.

Der erste Zug dient nicht so sehr dazu, den Ton in die Höhe zu drängen, als vielmehr eine gleichmäßige Wandungsstärke als Ausgangsbasis für die nächsten Züge zu sichern. Er kann, den Vorlieben des Töpfers und der Tonmenge gemäß, auf verschiedene Arten durchgeführt werden:

Haben Sie den Tonkegel mit den Daumen aufgebrochen und auch so den Boden gesetzt, so ist es logisch, aber beileibe nicht notwendig, auch den ersten Zug zwischen Daumen und Fingern beider Hände auszuführen. Die Hände setzen wie-

41

42

43

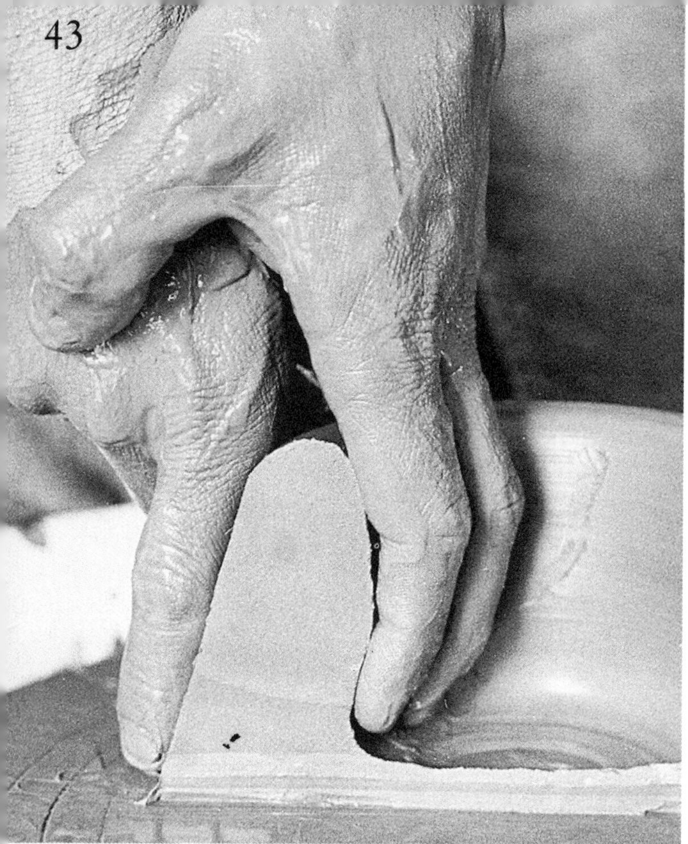

44

der an der von Ihnen abgewandten Seite an, Daumen innen und Finger außen. Bilden Sie zwischen Daumen- und Fingerkuppen einen Kanal, den Sie in gleichbleibender Weite langsam nach oben führen und damit den Ton zwingen, in gleichmäßiger Wandungsstärke leicht aufzusteigen (**42**). Die Gefahr bei dieser Verfahrensweise liegt darin, daß der Anfänger oft zu heftig zugreift und damit den Tonwulst abdrückt.
Bei mittelgroßen bis kleinen Gefäßen, bzw. den entsprechenden Tonmengen, geht der erste Zug leichter, wenn man außen die Längsseite des rechten Zeigefingers und innen die Fingerkuppen der linken Hand benutzt. Der rechte Zeigefinger setzt dabei direkt am Scheibenkopf an und liegt mit seiner Längsseite in senkrechter Richtung an der Wandung. Bringen Sie die Fingerkuppen der linken Hand auf eine Linie, indem Sie die Finger leicht krümmen. An der Innenseite des Zylinders, dort wo der Boden in die Wandung übergeht, drücken sie zunächst in Verlängerung des Bodens eine leichte Kerbe in die Wandung (**43**). Sehr langsam drängen dann die beiden Hände gleichzeitig nach oben. Der Daumen der linken Hand stützt sich dabei auf den Handrücken der rechten. Die leichten Rillen, die auf der Innenseite des Zylinders von den Fingerspitzen hervorgerufen werden, müssen eine ganz flache Spirale bilden, wenn Sie nicht zu schnell vorgegangen sind. Am oberen Rand lösen sich die Hände ganz sacht. Der Rand darf nicht dünner werden als die Gefäßwand, lieber ein bißchen stärker. Rezentrieren Sie im Bedarfsfall.
Bei größeren Tonmengen reicht unter Umständen die Längsseite des rechten Zeigefingers nicht mehr aus. Benutzen Sie dann die Fingerleiste der ausgestreckten rechten Hand, die Ihnen mehr Kraft verleiht (**44**).
Versäubern Sie wieder den Fuß, bevor Sie zum zweiten Zug ansetzen. Dieser zweite Zug sollte die Hauptarbeit leisten und den Zylinder schon auf etwa drei Viertel der gewünschten Höhe bringen. Um die Reibungsfläche möglichst gering zu halten und damit Distorsionen in der nun wesentlich dünner werdenden Wandung zu vermeiden, stehen die Hände folgendermaßen:
Die linke Hand befindet sich wie immer im

45

46

Inneren des Zylinders. Wie beim vorherigen Arbeitsschritt ist sie leicht gekrümmt, und die Fingerkuppen sind auf eine Ebene gebracht. Sie setzen waagerecht an der Innenseite der Tonwand an. Der Zeigefinger der rechten Hand ist abgeknickt, und der Knöchel des mittleren Fingergliedes drückt von außen. Der Daumen der linken Hand steht in Verbindung mit der rechten Hand und schafft so die Voraussetzung dafür, daß sich die Kontaktstellen der Finger genau gegenüberliegen.

Der gekrümmte rechte Zeigefinger setzt in der leichten Höhlung an, die bei der Versäuberung des Fußes direkt über dem Scheibenkopf entstanden ist. Er hat eine kurze Distanz, die der Bodendicke entspricht, zurückzulegen, bevor er sein Gegenüber in den Fingerkuppen der linken Hand findet. Sobald Sie spüren, daß sich die beiden Angriffsstellen genau gegenüberliegen, schieben Sie behutsam mit der linken Hand nach außen, daß sich an der inneren Bodenkante eine flache Rille bildet, in der die Fingerkuppen richtig ansetzen können. Alsdann bewegen sich die Hände unter gleichmäßigem Druck nach oben (**45**) und schieben dabei einen Tonwulst vor sich her, wie in Bild **46** ganz deutlich zu sehen ist.

Gehen Sie langsam und gründlich vor. Rücken Sie nicht weiter, bevor nicht eine Umdrehung der Scheibe vollendet ist. Die Schlickerspiralen innen und außen an der Wandung zeigen Ihnen, wie schnell oder langsam Sie gearbeitet haben. Sie sollten ganz flach ausfallen.

Während im unteren Teil des Zylinders der Druck von innen nach außen geringfügig stärker ist, läßt er im oberen Teil generell nach und wendet sich eher von außen nach innen. Behielte man auf der ganzen Höhe des Zylinders den gleichen Druck bei, so würde die Wandung im oberen Teil zu dünn, denn dort ist der Widerstand des Tons nicht mehr so groß. Achten Sie immer darauf, daß die Wandungsstärke gleichmäßig ausfällt, das ist eine wichtige Voraussetzung für alle folgenden Schritte. Die leichte Änderung der Druckrichtung im oberen Teil des

47

48

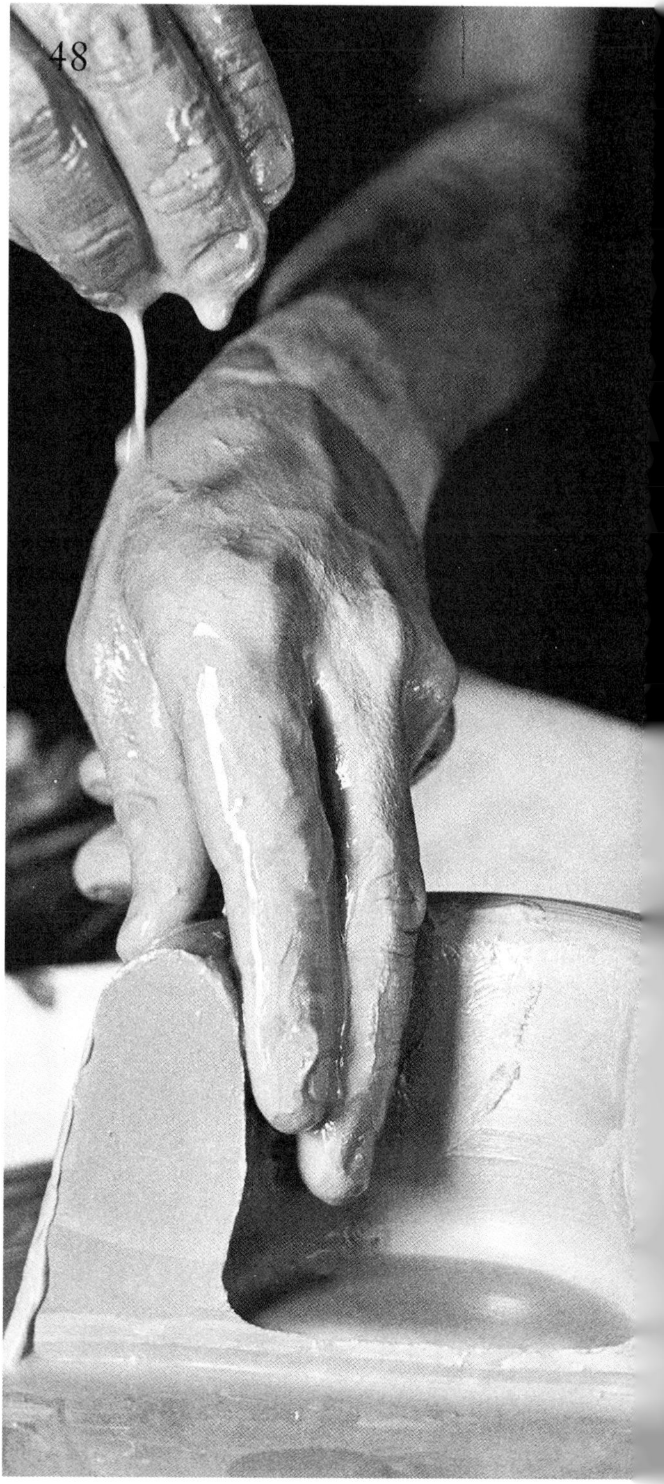

Zylinders bewirkt, daß der Zylinder auch weiterhin oben etwas enger ausfällt als unten (**47**). Dadurch wird die schon beschriebene Stabilität gewährleistet.
Sollte trotz vorherigen Anfeuchtens der Ton inmitten eines Zuges trocken und damit die Reibung zu stark werden, so lösen Sie ganz vorsichtig die Hände in waagerechter Richtung, befeuchten sie und nehmen genauso vorsichtig die Arbeit an der Stelle wieder auf, an der Sie losgelassen haben. Bild **48** zeigt eine effektive Methode, im Bedarfsfall das Werkstück innen und außen zu befeuchten. Vermeiden Sie jedoch, daß sich Wasser auf dem Boden des Zylinders ansammelt. Nehmen Sie es ab und zu mit einem Schwämmchen auf.
Machen Sie sich von Zeit zu Zeit Ihre Sitzhaltung bewußt. Sitzen Sie locker oder verkrampft? Sind Sie weit genug über den Ton gebeugt? (Bei manchen Töpfern scheint die Nase mitzuarbeiten!) Liegen die Ellenbogen am Körper an? Besonders letzteres ist wichtig, um Ihren Händen die notwendige Ruhe und Sicherheit zu geben. Auch sollte die Durchführung der einzelnen Schritte beim Töpfern nicht zu Verkrampfungen führen. Der zuletzt besprochene zweite Zug zum Beispiel wird an der rechten Seite des Zylinders ansetzen, die Finger genau waagerecht zum Ton. Während das Hochziehen dann fortschreitet, bewegen sich die Hände außer aufwärts auch leicht auf Ihren Körper zu, und die Fingerhaltung ist nicht mehr so genau waagerecht. Suchen Sie innerhalb einer korrekten Haltung immer die bequemste für Sie persönlich.
Am oberen Rand angekommen, entlassen Sie den Tonzylinder langsam aus dem Griff. Lassen Sie auch beim zweiten, wie in allen übrigen Zügen, den Rand etwas dicker, wodurch der Zylinder stabiler wird. Ist der Rand dünner geworden als Sie wollten, oder ist er geringfügig aus der Zentrierung gerutscht, so müssen Sie den Rand nachzentrieren. Die vorher beschriebene Methode ist für die mittlerweile viel dünner gewordene Wandung zu grob. Lassen Sie den Rand durch einen vom linken Daumen und Zeigefinger gebildeten Kanal laufen und benutzen Sie die Kante des rechten Zeigefingers, um diesen nach oben zu

begrenzen und gegebenenfalls den Ton etwas zu drücken (**49**).
Nach dem entscheidenden zweiten Zug werden meist schon die gemachten Fehler sichtbar: Ist der Zylinder nicht höher geworden, haben Sie nicht genügend Druck angewendet. Ist die Wandung an manchen Stellen dicker als an anderen, so zeigt Ihnen das, daß Sie den Druck nicht gleichmäßig ausgeübt haben. Besonders offensichtlich ist ein spiralförmiges Verziehen, das oft im unteren Drittel des Zylinders auftritt. Hier war der Druck im unteren Teil zu groß und hinterließ die Wandung zu dünn, so daß sie dem Widerstand des Tons im oberen Teil nicht standhalten konnte. Eine solche Verwerfung kann auch durch eine zu große Reibung passieren, wenn die Kontaktstellen zu groß waren oder nicht genügend angefeuchtet wurde. Ist die Verdrehung nicht zu stark, so kann man durch einen erneuten Zug oftmals wieder ausgleichen.
Wenn der Zylinder »tanzt«, kann das verschiedene Ursachen haben, die oft schon viel weiter zurückliegen. Entweder war der Tonkegel nicht

50

richtig zentriert oder das Aufbrechen wurde nicht sachgemäß durchgeführt. Sind Sie sicher, daß diese beiden Gründe entfallen, dann haben Sie wahrscheinlich beim Hochziehen die Hände nicht stetig und gleichmäßig geführt oder haben zu schnell gearbeitet. An einem »tanzenden« Gefäß sollten Sie nicht weiterarbeiten. Seien Sie radikal, kratzen Sie es von der Scheibe. Häufig kostet es mehr Zeit und Geduld, ein fehlerhaftes Gefäß wieder hinbiegen zu wollen als noch einmal neu zu beginnen.

Soll ein sehr schlankes, hohes Gefäß entstehen, oder ist der Zylinder im ganzen zu weit geworden, so legen manche Töpfer an diesem Punkt einen Zwischenschritt ein und »heben« und verengen den Zylinder gleichzeitig, indem sie mit den Handkanten der leicht gekrümmten Hände (mit dem unteren Glied der kleinen Finger) dicht über dem Scheibenkopf ansetzen und nach innen und oben arbeiten (**50**). Der Druck darf dabei nicht zu groß sein, damit sich keine Falten werfen.

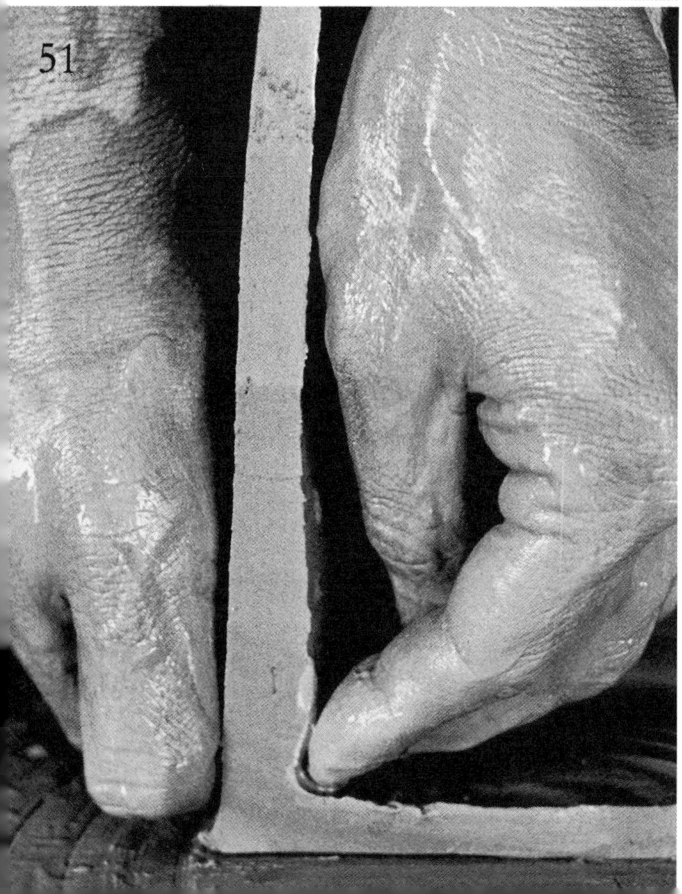

51

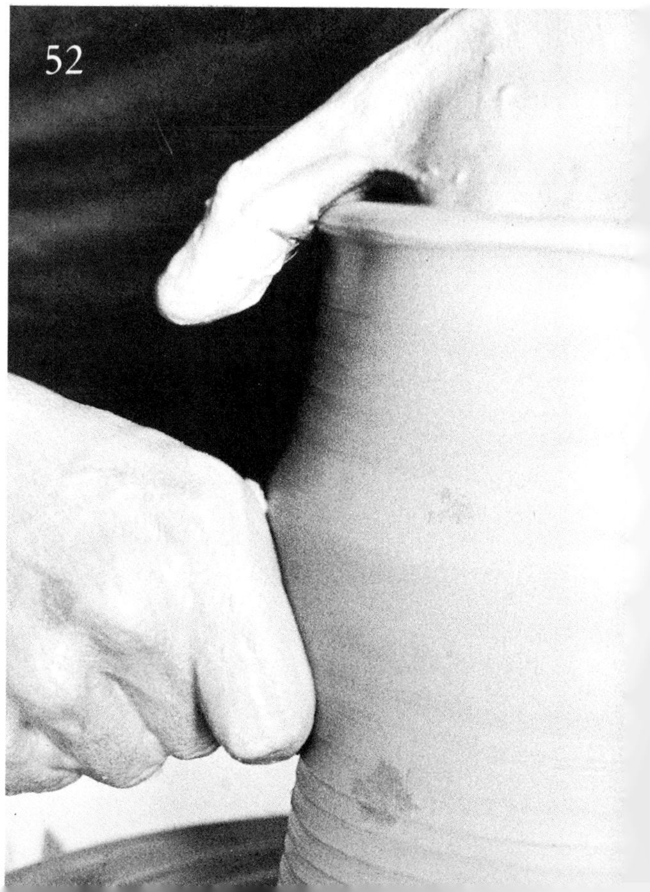

52

53

Vor dem dritten Zug versäubern Sie wieder den Fuß. Der dritte Zug wird im Prinzip genauso wie der zweite ausgeführt, allerdings mit weniger Druck, da die Wandung inzwischen ziemlich dünn geworden ist. Vielleicht ist Ihr Gefäß jetzt schon so hoch, daß sich beim Ansetzen der Hände die Daumen nicht mehr verschränken lassen. Nehmen Sie den Daumen der linken Hand dann mit in den Zylinder hinein (**51**), stützen Sie aber die Hände wieder aneinander ab, sobald Sie die Möglichkeit dazu haben (**52**).
Bild **53** zeigt noch einmal die Ergebnisse der drei Züge. Um eine Gleichmäßigkeit der Wandungsstärke zu erreichen, werden Sie eine ganze Menge Übung brauchen. Nur indem man einen Handgriff immer wieder ausführt, macht man ihn sich zu eigen, so daß er später automatisch abläuft. Anfangs wird es Ihnen vielleicht leid tun, ein Gefäß auf halbem Wege zu zerstören, aber es lohnt sich, immer mal wieder nach den einzelnen Zügen den Zylinder mit dem Schneidedraht in Längsrichtung zu zerteilen. An solchen Längsschnitten lassen sich Fehler gut erkennen.

Die Formgebung

Im Verlauf dieses Schrittes erhält das Gefäß seine eigentliche Gestalt, seine Schönheit. Jeder Töpfer wird irgendwann zu seinem eigenen Stil finden, und seine Gefäße werden sich ganz deutlich von denen anderer Keramiker unterscheiden. Bis dahin aber führt der dornenreiche Weg des Übens und eine ganze Menge Versuch und Irrtum. Der Töpferlehrling wird sich schon glücklich schätzen, wenn er die beiden grundlegenden Techniken der Formgebung, das Ausbauchen und das Einziehen, beherrscht und aus dem unförmigen Tonklumpen schließlich das wird, was der Mensch will.
Die beste Voraussetzung für ein gelungenes Gefäß ist ein gerader, gleichförmig dünnwandiger Zylinder. Er ist Ausgangspunkt für alle mögli-

54

56

55

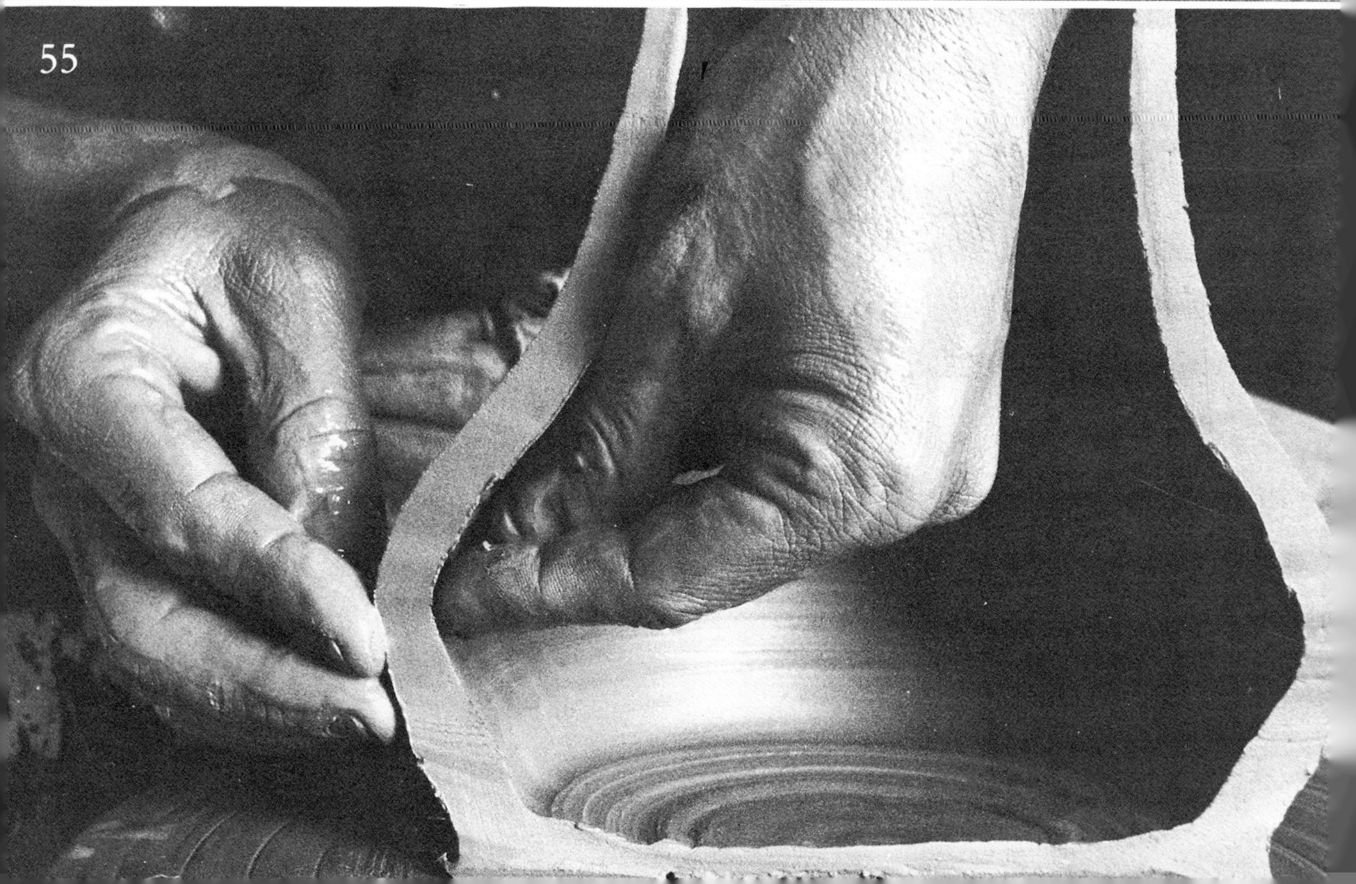

chen Formen, ausgenommen die offenen, auf die wir später noch eingehen werden.
Ein Wort zur Geschwindigkeit der Töpferscheibe: Wir haben gesehen, daß mit jedem Schritt zur Vollendung des Gefäßes hin die Geschwindigkeit verringert wurde. Dies hat seinen guten Grund darin, daß sich die Fliehkraft um so stärker auf ein Gefäß auswirkt, je größer die Weite und je dünner die Wandung des Gefäßes sind. Seien Sie deshalb besonders vorsichtig mit der Geschwindigkeit beim Ausbauchen eines Gefäßes und schalten Sie diese gegebenenfalls zurück.
Die Position der linken Hand, die wie immer die Innenführung übernimmt, verändert sich nicht, die Fingerkuppen stehen auf einer Linie horizontal zur Wandung. Auch bei der rechten Hand übernehmen jetzt die Fingerkuppen die Führung (**54**). Die geringe Stärke der Wandung erfordert nur einen ganz leichten Druck, und die Fingerspitzen haben nun einmal mehr Gefühl als der Fingerknöchel. Halten Sie auch die rechte Hand leicht hohl und bringen Sie die Fingerkuppen auf eine Reihe. Bitte beachten Sie, daß es immer die Fingerkuppen sind, die arbeiten. Die Fingernägel bleiben völlig aus dem Spiel, denn sie könnten, so kurz sie auch sein mögen, Schaden anrichten. Die Fingerkuppen (der Daumen wird sich an den Zeigefinger anlegen) setzen in vertikaler Richtung an der Wandung an. Wie gewohnt stehen sich die beiden Hände genau gegenüber und sind, wenn irgend möglich, in Verbindung miteinander. Durch Veränderung der Druckverhältnisse und leichte Verschiebung der Kontaktstellen gegeneinander kann man jetzt erreichen, daß sich der gerade Tonzylinder ausweitet oder verengt.

* *Ausbauchen:*
Die Finger der Innenhand drücken leicht nach außen. Die Finger der Außenhand fangen den Druck ab. Sie stehen geringfügig niedriger als die Finger innen (**55**).

* *Einziehen:*
Hier üben die Finger der rechten Hand Druck von außen nach innen aus. Die Relation der Finger ist umgekehrt, die Fingerspitzen der rechten Hand (außen) stehen etwas höher als die der linken (innen) (**56**).
Beginnen Sie auf dem Grund des Gefäßes und arbeiten Sie langsam nach oben, von innen schiebend, wo Sie das Gefäß ausbauchen wollen, und von außen drückend, wo es enger werden soll.
Es ist nur selten möglich, dem Gefäß in einem einzigen Formgebungszug die Gestalt zu verleihen, die Sie gerne hätten. Also muß noch einmal nachgefaßt werden. Sind die Veränderungen nicht mehr wesentlich, so brauchen Sie nicht wieder von ganz unten zu beginnen, wie es eigentlich sein sollte. Setzen Sie aber schon ein Stück vor der Stelle an, die Sie weiter ausbauchen oder einziehen wollen, damit der Übergang geschmeidig wird. Fassen Sie langsam und vorsichtig zu und arbeiten Sie bis zum oberen Rand (**57**). Vermeiden Sie abrupte Richtungsänderungen. Einmal beeinträchtigt dies die Ästhetik des Gefäßes, zum anderen dessen Stabilität. Denken Sie daran, daß ein Ausbauchen immer mit einer Verringerung der Wandungsstärke einhergeht.

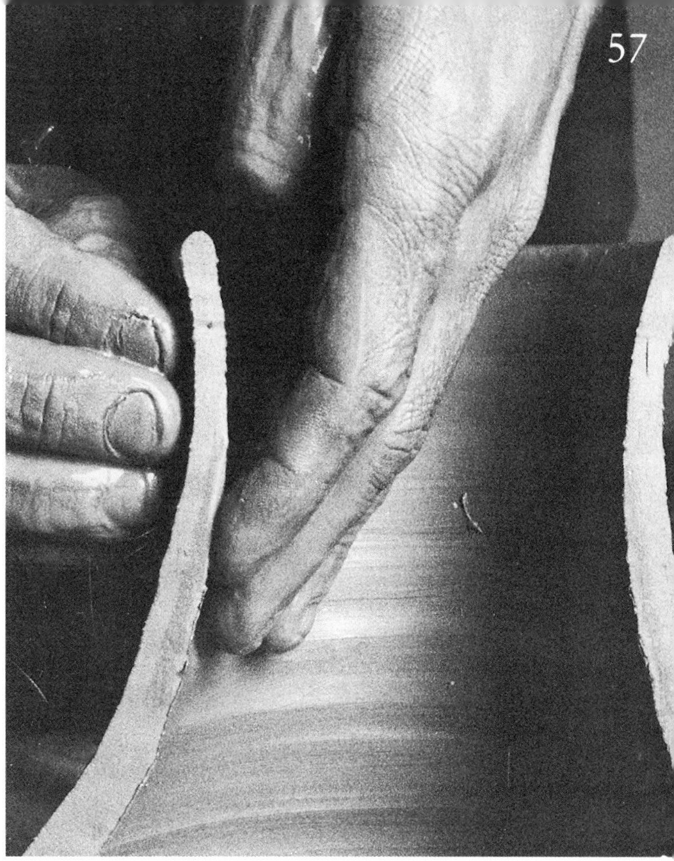
57

58

Ein übermäßiges Dehnen der Wandung und zu starkes Befeuchten in diesem Stadium führen unweigerlich zum Zusammenbruch der Form. Haben Sie wegen der Höhe des Gefäßes die linke Hand in den Zylinder hineinnehmen müssen, so verbinden sich die beiden Hände wieder, sobald die Möglichkeit dazu gegeben ist (**58**).

Soll das Gefäß einen engen Hals bekommen oder gar ganz geschlossen werden, so achten Sie unbedingt schon beim ersten Formgebungszug darauf, daß der obere Rand so weit eingezogen wird, daß gerade noch die Hand Platz hat (**59**). Je dünner die Wandung wird, desto schwieriger wird es nämlich, den Durchmesser zu verkleinern. Schließen Sie den Formgebungsprozeß im unteren Teil des Gefäßes ab, bevor Sie den oberen Teil endgültig einengen.

Haben Sie einen langen Hals vorgesehen, so haben Sie diesen schon andeutungsweise angelegt. Der »Drosselgriff« hilft Ihnen, ihn noch weiter einzuengen (**60**). Die Hände legen sich dabei um den Hals, die Daumen sind aufgestellt.

59

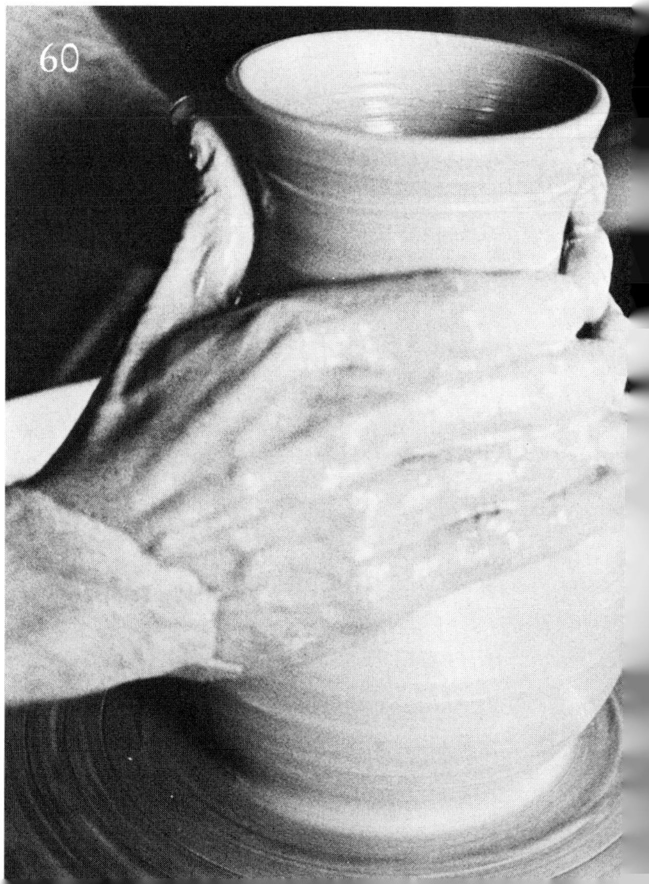

60

61

Drücken Sie langsam und stetig zu, während Sie die Hände nach oben führen.
Denselben Effekt hat die »6-Punkte-Methode«, bei der der Druck von 6 Punkten der Finger ausgeht, nämlich Daumenkuppen, Zeigefingerkuppen und dazwischen die Knöchel der angewinkelten Mittelfinger, die kreisförmig um den Gefäßhals verteilt werden (**61**). Auch hier ist es wichtig, sanft zuzudrücken und nach oben zu arbeiten.
Strebt man nur eine enge Öffnung, einen kurzen Hals oder ein völliges Schließen des Gefäßes an, so setzt man zweckmäßigerweise gleich am oberen Rand an. Während die linke Hand den oberen Teil des Gefäßes umfaßt und mit dem aufgestellten Daumen in Richtung auf das Scheibenzentrum drückt, legen sich Zeige- und Mittelfinger der rechten Hand klauenförmig über den Gefäßrand. Der Daumen liegt senkrecht an der Außenseite, genauso der Ringfinger. Der Übergang zwischen Mittelfinger und Ringfinger kontrolliert den Rand, während die ganze Hand

62

63

auf den Scheibenmittelpunkt hin schiebt und somit den Gefäßhals verengt (**62**). Die Druckrichtung geht immer nach innen und ganz leicht aufwärts, nie nach unten.

Sobald der Halsansatz gut zu erkennen ist, bilden Sie die »Schulter« aus, den Übergang zwischen Gefäß und Hals. Benutzen Sie dazu die Kuppe des Mittelfingers oder die Längsseite des kleinen Fingers und schieben Sie nach innen und oben, während die andere Hand auf der Innenseite gegenhält (**63**).

So wie ein Ausbauchen der Form die Wandungsstärke verringert, führt das Einziehen zu einer Verdickung derselben. Sie müssen deshalb ständig zwischen Einziehen und Hochziehen abwechseln, um die Wandungsstärke gleichmäßig zu halten. Beim Hochziehen stützen dabei so viele Finger den Druck innen ab, wie gerade noch in den Hals hineinpassen (**64**). Der Ausgleich der Wandungsstärke beim Einziehen ist eine delikate Angelegenheit, und besonders bei kleinen Gefäßen sind alle Fingerspitzen zur Formgebung außen schon zu viel. Man beschränkt sich dann auf eine Fingerkuppe, welche oft die des Mittelfingers sein wird, aber auch der kleine Finger kann mit der Kuppe oder der Längsseite des ersten Fingergliedes diese Aufgabe übernehmen. Ist der Hals so eng geworden, daß kein Finger mehr hineinpaßt, so sind trotzdem noch geringfügige Änderungen in der Gestalt möglich. Dazu

64

benutzt man die Finger- und Daumenkuppen beider Hände, die langsam und vorsichtig, ohne allzu großen Druck auszuüben, außen am Gefäß ansetzen (**65**). Auf dieselbe Art und Weise können Sie auch das Gefäß ganz schließen (**66**).

✲ Drehhilfen:
Eine Drehschiene aus Hartholz ist ein nützliches Werkzeug bei der Formgebung eines Gefäßes. Manche Töpfer benutzen sie erst ganz zum Schluß, um den Schlicker wegzunehmen und die Oberfläche zu glätten, anderen ist sie schon eine wichtige Hilfe bei der Formgebung selbst. Man setzt die Drehschiene im spitzen Winkel zur Tonwandung an, und durch leichte Drehung um ihre Querachse folgt sie fast jeder Kurvung des Gefäßes (**67**). Wird eine Drehschiene verwendet, so braucht man den Ton nicht zu befeuchten, das

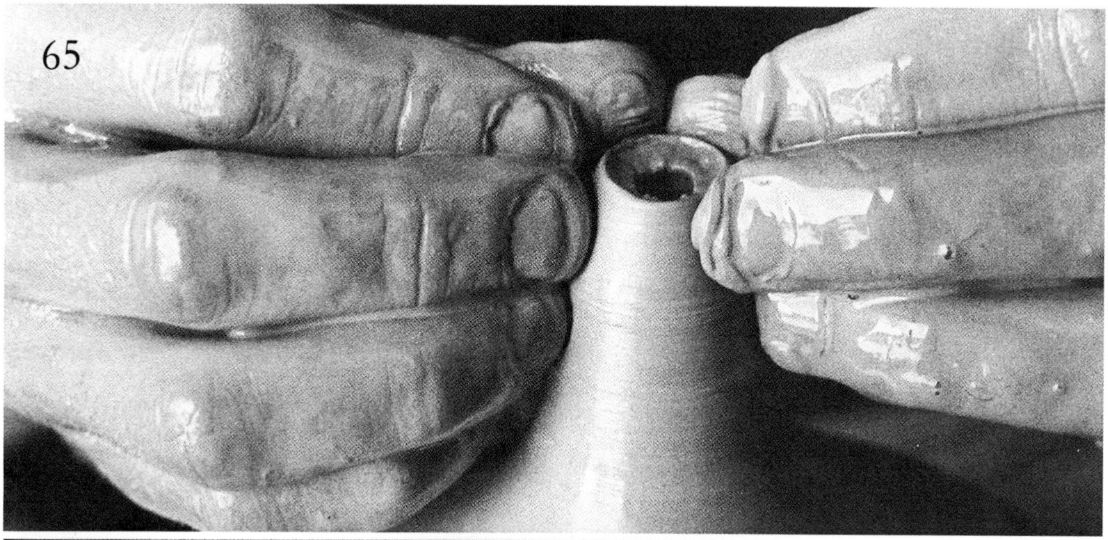
65

66

67

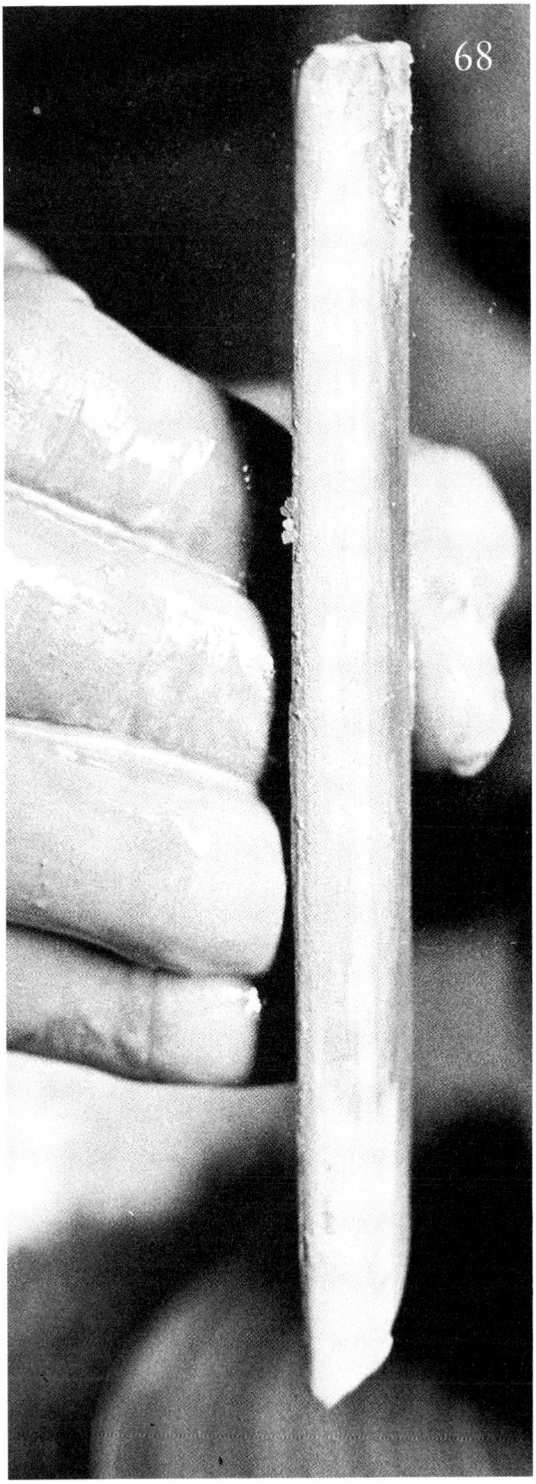
68

im Ton enthaltene Wasser reicht aus, um die Gleitfähigkeit zu sichern.
Im Kapitel »Werkzeuge« (s. S. 16) haben wir schon das Rohr vorgestellt, dessen Handhabung wir hier noch einmal zeigen (**68**). Einer seiner vielen Verwendungszwecke ist der Einsatz als Drehschiene. Durch seine Rundung ist das Rohr gut zu greifen und paßt sich allen Wölbungen des Gefäßes an (**69**).

Der Rand

Der Rand, auch Lippe genannt, ist für den Gesamteindruck eines Gefäßes ausgesprochen wichtig, sozusagen das I-Tüpfelchen der Form, mit der er in Einklang stehen muß. Bei Trinkgefäßen ist außerdem noch entscheidend, wie er sich anfühlt, vielleicht haben Sie selber Ihre

69

70

Lieblingstasse oder einen besonderen Becher, weil es sich daraus besonders gut trinkt. Der geübte Töpfer hat die Gestalt der Lippe schon beim Hochziehen und der Formgebung im Auge und arbeitet gezielt darauf hin.

Unregelmäßigkeiten beim Zentrieren, Aufbrechen und Hochziehen machen sich früher oder später im Rand bemerkbar. Er wird wellig oder knotig, und man muß einen Ring abschneiden, um wieder eine glatte Ausgangsfläche zu erhalten. Dazu benutzen Sie die Ahle oder eine Stopfnadel, die mit dem stumpfen Ende in einen Korken gesteckt wurde. Ein Finger der linken Hand, meist wird es der Zeigefinger sein, liegt ganz leicht an der Innenseite des Randes, ohne ihn zu verformen. Die Töpferscheibe läuft mit der gleichen Geschwindigkeit weiter wie bei der Formgebung. Mit der rechten Hand drücken Sie nun die Spitze der Ahle etwas unterhalb der Unregelmäßigkeiten in den Rand, bis sie auf der Fingerkuppe des linken Zeigefingers zu spüren ist (**70**). Man wird dabei nicht wie mit einem Dolch zustechen, denn dann finge sich die Wandung des umlaufenden Gefäßes im Gerät und würde zerrissen. Die Nadel, wie auch andere Werkzeuge, setzt man zunächst in Drehrichtung wie eine Kreistangente an und verschärft dann den Winkel. Die Nadel zieht zuerst eine Rille, die man immer weiter vertieft. Ist die Spitze auf der Fingerkuppe innen angekommen, so heißt das, daß der obere Ring abgetrennt ist. Die Bewegung der Hand geht nun vorwärts und aufwärts, ohne daß sich die Finger von der Nadel lösen. Die Nadel hebt so den abgeschnittenen Ring von dem umlaufenden Gefäß ab (**71**).

Dieses Verfahren kann man praktisch in allen Stadien des Hochziehens und der Formgebung benutzen, um zu einer regelmäßigen Oberkante zu kommen oder ein Teil abzutrennen, das sich verformt hat. Ist die Wandung dabei noch sehr dick, empfiehlt es sich, den Ring bei stillstehender Scheibe zu entfernen, da er beim Abheben mit der Nadel durch sein Eigengewicht zerbrechen und auf das Gefäß fallen könnte.

71

72

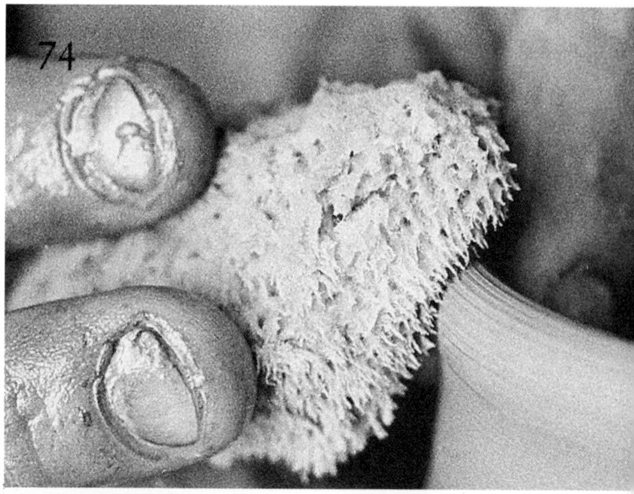

74

75

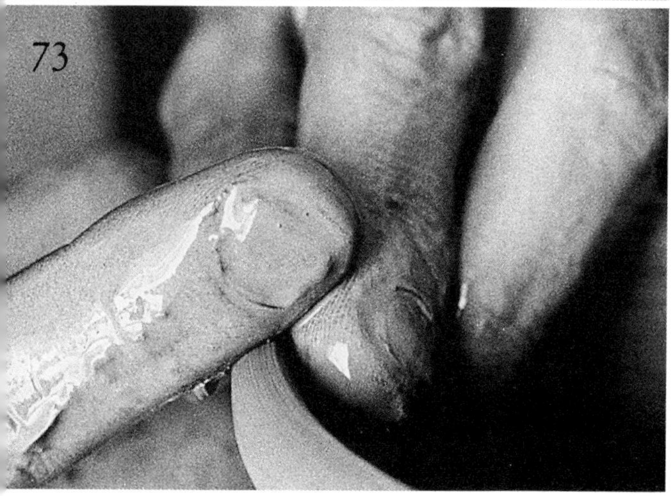

73

Nach dem Abschneiden muß die Lippe neu geformt werden (**72**). Sie können sogar noch ein wenig Druck ausüben, um den Rand zu verstärken. Aber auch wenn ein Abschneiden nicht notwendig war, verlangt die Lippe nach einem letzten Schliff. Durch ein langsames, aber stetiges Verändern des Ansatzwinkels des Zeigefingers rundet man die Kanten ab (**73**). Um ein ganz glattes Aussehen zu erreichen, versäubern Sie noch mit einem feuchten Schwämmchen (**74**) oder einem Streifchen Fensterleder, das über den Rand gelegt wird (**75**). Fensterleder hat den Vorteil, daß es bei schamottiertem Ton die Körnchen in die Paste hineindrückt, während ein

76

Schwämmchen sie mitreißt und somit die Lippe rauh wirken läßt.
Es existiert eine Unzahl verschiedener Lippenformen. Je nachdem, ob Sie ein wenig von innen nach außen oder von außen nach innen schieben, verändert sich der Eindruck völlig. Es ist eine gute Übung, einmal eine Reihe gleichartiger Gefäße zu drehen und jedem eine andere Randform zu geben, um die Wirkung auszuprobieren. Bild **76** zeigt eine kleine Auswahl.

Die Bodenkante

Beim einfachen Freidrehen ohne Hilfsmittel wird man die Bodenkante nie so hinkriegen, daß keinerlei Form der Behandlung mehr vonnöten ist. Es entsteht immer eine Art Fuß dadurch, daß die runde Fingerkuppe keine exakte Bodenkante hervorbringen kann. Normalerweise wird man abdrehen, ein Verfahren, auf das in einem späteren Kapitel noch eingegangen wird und bei dem man überschüssigen Ton von dem umgedrehten, lederharten Gefäß abschält. Aus verschiedenen Gründen wird man sich aber dieses Vorgehen manchmal sparen wollen, und wenn man sicher ist, daß der Boden selbst die richtige Form und Stärke besitzt, so kann man den überflüssigen Tonkragen gleich an der Scheibe entfernen. Da-

77

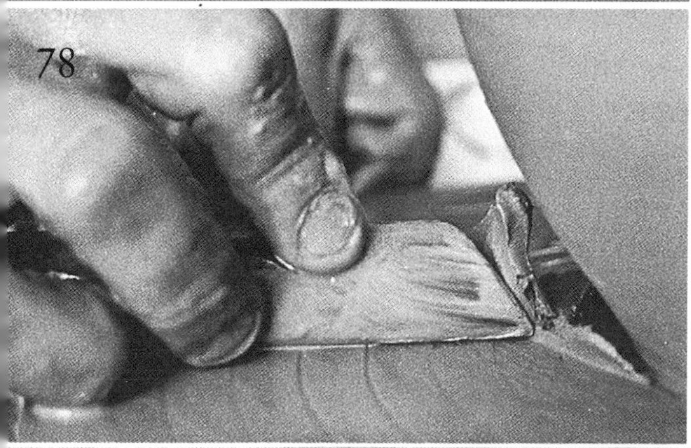
78

durch erleichtert man sich auch das anschließende Abschneiden und das Abheben von der Scheibe.
Um sicher zu gehen, daß man den weichen Ton auch schneidet und nicht nur drückt, verwendet man am besten ein langes, scharfes Werkzeug. Geeignet ist ein flaches, schmales Holz, dem man eine Spitze anschnitzt. Das Instrument muß mit beiden Händen recht kurz gehalten werden, damit es der Kraft des Tons widersteht und nicht aus der Bahn geworfen wird. Setzen Sie im beabsichtigten Winkel an und schneiden Sie bis auf den Scheibenkopf (**77**).
Der Ring ist zwar jetzt vom Gefäß abgetrennt, muß aber noch von der Scheibe entfernt werden. Dies geht ganz gut, indem Sie mit dem spitzen Ende des Rohres oder einem dreieckigen Abdrehwerkzeug den abgeschnittenen Ring wegkratzen, während die Scheibe langsam läuft. Man muß dabei sehr aufpassen, daß der überschüssige Ton nicht wieder an die Gefäßwand gedrückt wird, wo er als unschöner ausgezackter Wulst haften bleibt und nur schwer wieder zu entfernen ist. Haben Sie eine relativ große Menge Ton abgetrennt, ist es sicherer, die Scheibe anzuhalten und den abgetrennten Tonkranz Stück für Stück wegzuschaben (**78**).
Ist die Hauptarbeit geleistet, kann man die Schnittstelle noch ein wenig versäubern, etwa

79

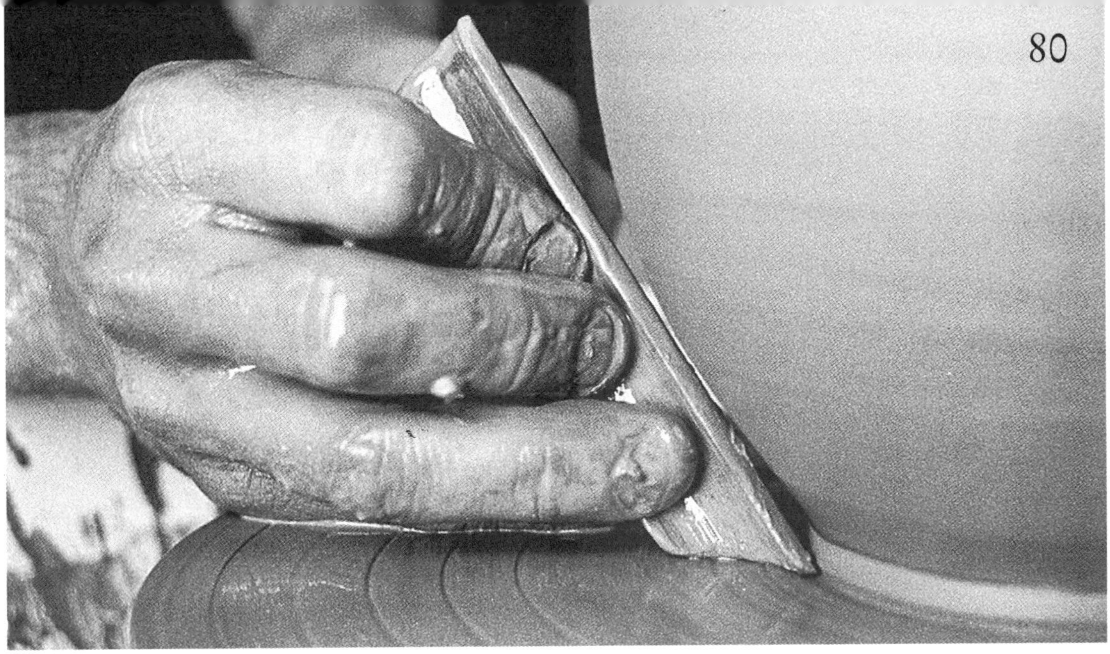
80

mit einem Schwämmchen, wenn die Kante abgerundet werden soll, oder mit einem Modellierholz, das die Schärfe der Kante noch betont. Mit demselben Modellierholz oder dem angeschnittzten Hölzchen kann man auch einen leichten Unterschnitt anbringen, eine Rille unter der eigentlichen Bodenschräge, in der der Schneidedraht gut ansetzt (**79**).
Mit dem Rohr lassen sich auch noch andersartige Kanten formen, Hohlkehlen zum Beispiel, oder, wie auf Bild **80** zu sehen, ein Fuß. Auch hier lohnt es sich wieder, eine Reihe gleichartiger Gefäße herzustellen und jedes einzelne mit einer anderen Bodenkante auszustatten, um sich der Effekte bewußt zu werden.

Das Abschneiden

Gleichgültig, ob das gedrehte Stück auf dem Scheibenkopf direkt oder auf einer Auflagescheibe gearbeitet wurde, muß es von der Unterlage abgetrennt werden. Vom Scheibenkopf aus offensichtlichen Gründen, wird man doch weiterdrehen wollen, von der Holz- oder Gipsscheibe, weil im Gefäßboden durch das Trocknen Spannungen entstünden, wäre dieser nicht von der Unterlage abgeschnitten.
Zum Abschneiden benutzt man einen Draht aus Messing oder Kupfer, einfach oder verdrillt, der, wie schon erwähnt, an beiden Enden an einem Holzstückchen befestigt sein sollte, der besseren Handhabung wegen. Es gibt Töpfer, die auf die Verwendung von Nylonschnur schwören. Am besten, Sie probieren die verschiedenen Möglichkeiten aus und entscheiden sich für die, die Ihnen am meisten zusagt. Genauso müssen Sie herausfinden, welche Methode des Abschneidens für Ihre Zwecke die nützlichste ist. Bevor ich hier zwei verschiedene Arten des Abschneidens erläutere, soll noch darauf hingewiesen werden, daß Sie auf jeden Fall den Scheibenkopf oder die Auflage von Schlicker säubern müssen, ehe Sie den Schneidedraht ansetzen.
Bei der ersten Methode steht die Drehscheibe still. Spannen Sie den Schneidedraht zwischen den Daumen oder zwischen den Zeigefingern und drücken Sie ihn gleichzeitig auf die Scheibe, an der von Ihnen entfernten Seite des Gefäßes. Während Sie weiterhin fest den Draht auf die Scheibe pressen, ziehen Sie ihn geradlinig unter dem Gefäß auf sich zu (**81**).
Das zweite Verfahren ist dem ersten ähnlich, mit dem Unterschied, daß hier die Scheibe extrem langsam läuft. Man nutzt dabei normalerweise die letzten Umdrehungen vor dem Stillstand der Scheibe aus. Bedingt durch die Drehrichtung wird bei dieser Methode die rechte Hand am meisten belastet.

Bei flachen Gefäßen kann es sehr nützlich sein, wenn Sie vor dem Durchschneiden mit dem Schwämmchen auf dem Scheibenkopf eine Wasserpfütze hinterlassen. Der Draht zieht dann ein wenig Wasser in den Schnitt hinein (**82**), mit dessen Hilfe man das ausladende Gefäß von der Scheibe schieben kann. Bei Benutzung einer Scheibenauflage sollte man nicht anfeuchten, da das Wasser, wenn das Gefäß nicht sofort abgenommen wird, wie ein Klebemittel wirkt und die Schnittflächen wieder zusammenbacken läßt, während das Stück auf der Unterlage trocknet.

Wie Sie in der Praxis sehen werden, ist es unmöglich, das Gefäß ohne Rest von der Scheibe abzuschneiden. So sehr man den Schneidedraht auch auf den Scheibenkopf drückt, wird er doch beim Durchschneiden mehr oder weniger im Ton aufsteigen und damit bewirken, daß eine Schicht Ton, die in der Mitte dicker ist als an den Außenkanten, zurückbleibt. Je größer der Durchmesser eines Gefäßes ist, um so höher steigt der Draht auf, denn ein längeres Stück Draht läßt sich weniger dominieren als ein kürzeres. Auch die Konsistenz des Tons und die Stärke

des Drahtes haben Einfluß auf die Menge des Resttons. Je dünner der Draht und je weicher der Ton, desto dichter bleibt der Draht am Scheibenkopf.
Dieses Aufsteigen des Schneidedrahtes kann zu bösen Überraschungen führen, wenn es nicht schon vorher, beim Bodensetzen, einkalkuliert worden ist. Anfangs tritt vielleicht bei dem einen oder anderen Topf der Draht beim Durchschneiden zutage, oder der Töpferlehrling bemerkt mit Entsetzen, wie sich bei einem besonders gut gelungenen Stück der Draht ganz dicht unter der inneren Bodenfläche durch den Ton schiebt. Der Boden besteht dann nur noch aus einer feinen Haut, die, wenn sie nicht schon beim Abheben reißt, sicher beim Trocknen bricht. Ein solches Gefäß lohnt es sich nicht aufzuheben. Mit ein wenig Übung lernen Sie die auf der Scheibe verbleibende Tonmenge einzuschätzen und beim Bodensetzen in Ihre Rechnung einzubeziehen.
Das Abschneiden muß ganz besonders sorgfältig ausgeführt werden, wenn Sie sich das Abdrehen sparen wollen. Scharfe Bodenkanten und etwaige Rillen im Boden, die von einem gedrillten Schneidedraht herrühren, müssen ebenso geglättet werden wie die rauhe Bodenfläche bei schamottiertem Ton. Da ein frisch gedrehtes Stück außerordentlich empfindlich ist und so wenig wie möglich berührt werden sollte, behandelt man den Boden erst, wenn der Ton lederhart geworden ist. Verstreichen Sie dann die Unebenheiten mit dem Finger, einer weichen Metall- oder Gumminiere, damit sie später keine Kratzer auf Möbeln etc. hinterlassen.

Das Abheben von der Scheibe

Zum Abheben des fertig gedrehten Stückes von der Scheibe sollten Ihre Hände sauber und trokken sein. Haben Sie bei einem Gefäß mit dem Draht Wasser in die Schnittfläche gezogen, so drücken sie mit den gespreizten Mittel- und Zeigefingern gegen die Bodenkante des Gefäßes (**83**). Schieben Sie vorsichtig, damit keine tiefen Dellen entstehen, aber bestimmt genug, um das Gefäß ins Gleiten zu bringen. Das Gefäß rutscht über den feuchten Scheibenkopf auf die andere Hand, die auf der Höhe der Scheibe bereitgehalten werden sollte, um das Stück aufzufangen. Von dieser Hand wird es dann auf einer ebenen, sauberen Unterlage abgestellt. Kommt trotz festen, gleichmäßigen Drückens das Gefäß nicht in Bewegung, dann schneiden Sie am besten noch einmal, diesmal mit mehr Wasser.
Die beschriebene Methode eignet sich besonders für offene Formen, Schalen oder sonst weit ausladende Gebilde, die sich beim Abheben von der Scheibe verformen würden.

83

Bei offenen Gefäßen passiert es häufig, daß beim Abstellen auf der Unterlage der obere Rand verzogen wird. Ist die Abstellfläche wirklich eben, so findet das Gefäß allein wieder in seine perfekte Kreisform zurück. Tut es das allerdings nicht, so sollte man unter keinen Umständen versuchen, am Rand herumzuformen. Da die Verzerrung durch einen Druck im unteren Teil des Gefäßes aufgetreten ist, muß man auch dort ansetzen, um die Verformung wieder aufzuheben.
Geschlossene Formen besitzen eine andere Stabilität und können mit beiden Händen von der Scheibe gehoben werden. Ein relativ stabiles Stück nimmt man einfach in die hohlen Hände, und zwar ganz unten, wo es am kräftigsten ist (**84**).
Bei empfindlicheren Stücken können Verformungen auftreten, und man muß den Druck gleichmäßiger verteilen. Bilden Sie mit beiden Händen einen Ring um die Bodenkante des Gefäßes, indem Sie die Handkante der einen Hand an der von Ihnen abgewandten Seite und die Längsseite von Zeigefinger und Daumen an der Ihnen zugewandten Seite des Gefäßes anlegen. Die Hände stehen dabei gegeneinander mit den Handflächen nach oben (**85**). Fassen Sie vorsichtig zu und heben Sie das Gefäß ab.
Genauso wie Wasser und Werkzeug muß der Töpfer auch immer ein Brett oder ähnliches zum Abstellen der fertigen Stücke in Reichweite haben. Ein Balanceakt zwischen Töpferscheibe und Regal mit einem frisch gedrehten Gefäß in Händen geht meist nicht gut. Es hat sich als nützlich erwiesen, Ablagebrett, -scheibe oder -kachel mit einer Schicht Zeitungspapier zu bedecken. Dieses hilft, die überschüssige Feuchtigkeit aufzusaugen, und verhindert das Ankleben des Stückes auf der Unterlage.

Die Übung macht's

Es ist gar nicht so einfach zu sagen, warum ein Gefäß gefällt. Die Beherrschung der Technik garantiert noch nicht die Herstellung »schöner« Gegenstände, kann aber wohl als wichtige Voraussetzung bezeichnet werden. Schönheit ist

86

zum Teil wohl auch Mode, aber die »zeitlose« Schönheit bezieht sich eher auf die richtigen Proportionen, das Verhältnis von Höhe zu Weite. Anfangs wird es schwierig sein, den Gedanken in Form zu übersetzen. Der Ton scheint ein Eigenleben zu haben, und die Form tendiert dazu, sich zu verselbständigen. Für den Töpferlehrling heißt es: üben, üben und nochmals üben. Dabei darf man nicht den Gedanken zulassen, daß aus dem Tonklumpen, den man da auf der Scheibe hat, »schon etwas werden wird«. Natürlich wird etwas daraus, aber indem Sie Ihre Hände dem Ton überlassen, beherrscht der Ton Sie und nicht umgekehrt, wie es eigentlich sein sollte.

Gehen Sie an jeden Tonbatzen mit einer konkreten Idee heran: Das kann ich, das will ich lernen, das soll daraus werden. Nicht nur lernen Sie dadurch, Tonmengen besser einzuschätzen, viel wichtiger ist es, daß Sie das Ergebnis vor Ihrem geistigen Auge mit der Idee vergleichen und sehen, wo die Defekte liegen. Vielleicht hätte der Bauch eines Gefäßes nur einen Zentimeter weiter nach oben verschoben werden müssen, um eine ansprechendere Form hervorzubringen. Vielleicht hätte die Lippe dicker sein müssen oder der Fuß schmaler. Gute Übungen sind dazu die in den entsprechenden Kapiteln vorgeschlagenen: Abänderungen von Lippe und Fuß bei gleichbleibender Form.

Eine andere, ebenfalls sehr gewinnbringende Art der Übung ist das Drehen in Serie. Dies mag so manchem paradox erscheinen, wollte er doch gerade weg von solch »industrieller« Arbeitsweise. Aber mit Fließbandarbeit hat das Drehen in Serie noch lange nichts zu tun. Wenn Sie einmal

87

damit beginnen, werden Sie feststellen, daß es unmöglich ist, zwei völlig identische Formen hervorzubringen. Am Anfang wird es Ihnen sogar schwerfallen, die Formen auch nur einigermaßen ähnlich hinzukriegen. Und dabei lernt man viel über Form und Proportionen: Ein Krug zum Beispiel, den man als gelungen bezeichnen darf, wird unter ganz geringen Verschiebungen von Höhe und Weite zum absoluten Mißerfolg. Für das Drehen in Serie legen Sie sich am besten eine ganze Reihe gleich großer Tonbatzen zurecht. Durch Abwiegen kann man die Mengen genau bestimmen. Arbeiten Sie anfangs ohne Meßstab, nur geleitet von Auge und Hand. Wenn Sie schon mehr Übung haben und eine Serie ganz konkreter Dinge drehen wollen (Tassen, Teller, Schalen für ein Service etc.), dann befestigen Sie ein Stäbchen in einem Tonklumpen am Rand oder außerhalb der Spritzwanne, dort, wo es nicht mit Ihren Händen in Kollision kommen kann. Die Spitze des Stabes stellen Sie dann auf die Höhe des Gefäßes oder die Weite an einer bestimmten Stelle ein (**87**).

Neben dem Drehen in Serie kann man sich auch darin üben, viele Gefäße der gleichen Form, aber in verschiedenen Größen herzustellen. Sie selber wissen am besten, wo Ihre Schwächen liegen, und genau da sollten Sie gezielt ansetzen und sich ihr eigenes Übungsprogramm zurechtlegen.

Offene Formen

Arbeiten auf Holz- und Gipsscheiben

Wie wir bei der Besprechung des Abschneidens und Abhebens fertig gedrehter Stücke von der Scheibe gesehen haben, können auf dem kurzen Weg zwischen Scheibenkopf und Abstellbrett durch den Druck der Hände allerlei Verformungen auftreten. Oft wird man also das fertige Stück gar nicht mehr anfassen wollen. Dies ist besonders der Fall bei offenen Formen, die nicht die gleiche Art von Stabilität besitzen wie geschlossene und die sich leicht in eine ovale Form verziehen oder deren Rand sich auffältelt. Um den Kontakt mit dem frischen, weichen Gefäß zu vermeiden, kann man Auflagescheiben (Rondeln) aus Holz, Gips oder geschrühtem (einmal gebranntem) Ton benutzen. Diese Rondeln werden auf den eigentlichen Scheibenkopf »aufgeklebt« und sollten deshalb aus porösem Material bestehen. Der Tonbatzen wird dann auf ihnen zentriert und freigedreht und das Gefäß mitsamt der Auflage abgenommen. Dabei darf man nicht vergessen, daß das Gefäß auch von der Auflagescheibe abgeschnitten werden muß, selbst wenn man es vorerst nicht abhebt. Sonst würde das Gefäß auf der Unterlage festbacken, und durch die Schrumpfung entstünden beim Trocknen Risse im Boden.

Und so befestigen Sie das Rondel auf dem Scheibenkopf:
Vom Zentrum her breitet man bei laufender Scheibe eine kleine Menge Ton flach über den Scheibenkopf aus. Man braucht nicht den ganzen Scheibenkopf zu bedecken, sondern wird den Durchmesser genauso groß oder etwas geringer als den des Rondels wählen. Gestalten Sie die Oberfläche des Tonfladens möglichst eben, wobei eine Drehschiene sehr gute Dienste leisten kann. Zum Schluß dreht man mit einem spitzen Gegenstand Rillen ein (**88**).
Befeuchten Sie nun die Unterseite des Rondels mit einem Schwamm und drücken Sie das Rondel mit beiden Händen möglichst horizontal und möglichst zentriert auf den Scheibenkopf. Durch die Porosität der Auflage und die Saugkraft der Rillen müßte das Rondel nun eigentlich schon fest haften.
Will man ganz sichergehen, daß es nicht rutscht, kann man zusätzlich einen Tonwulst um das Rondel legen, den man fest andrückt (**89**). Natürlich geht dies nur bei Rondeln, die kleiner sind als der Scheibenkopf, bei größeren muß die »Klebehaftung« allein genügen.
Nach Beendigung des Freidrehens wird die Auflagescheibe mit einem Werkzeug vorsichtig abgehebelt. Dabei ist darauf zu achten, daß es keinen plötzlichen Ruck gibt, der das Gefäß

88

89

verformen kann. Töpfer, die das Rondel mit einem zusätzlichen Tonwulst befestigen, ritzen deshalb oft schon vor dem Aufsetzen des Rondels eine oder mehrere radiale Kerben in den Tonfladen und dann in den Wulst, um später gute Ansatzpunkte zu haben.

Besitzen Sie mehrere Rondeln der gleichen Größe, so brauchen Sie nicht jedesmal ganz neu zu befestigen. Legen Sie das nächste Rondel in die Vertiefung, die das voherige hinterlassen hat, und drücken Sie bei laufender Scheibe den Wulst wieder an.

Mit Gipsrondeln müssen Sie ganz besonders achtsam umgehen. Sie dürfen keine scharfen Kanten haben und sollen nicht mit Metallwerkzeugen bearbeitet werden. Abspringende Gipssplitter können den Ton unbrauchbar machen.

Unterschiede zwischen zylindrischen und offenen Formen (90)

Sowohl die Ästhetik als auch die Stabilität einer offenen Form verlangen nach einer von zylindrischen Formen unterschiedlichen Behandlung. Während wir bei einer zylindrischen Form darauf achteten, den Boden möglichst waagerecht zu gestalten, sollte der Boden einer offenen Form eine ungebrochene Kurve aufweisen, die sich natürlich bei einem flachen Teller weniger bemerkbar macht als bei einer tiefen Schüssel.

Die Zentrifugalkraft wirkt sich auf eine nach oben auseinanderstrebende Form bedeutend stärker aus als auf eine oben geschlossene. Es ist deshalb wichtig, gleich von vornherein Tonart und -zustand entsprechend zu wählen. Ein Schamottzusatz erhöht wesentlich die Standfestigkeit eines ausladenden Gefäßes, und die Konsistenz des Tons sollte eher fest sein. Ist der Ton zu weich, kann eine nach außen strebende Form ihr eigenes Gewicht nicht aushalten und sackt zusammen. Aus dem gleichen Grund muß auch die Wandung selbst stärker gestaltet werden als bei einem zylindrischen Gefäß.

Auch die Lippe spielt bei offenen Gefäßen eine wichtige Rolle als Stabilisator, sowohl bereits beim Freidrehen als auch bei der späteren Benutzung. Eine Schüssel mit einem kräftigen Rand wird lange nicht so schnell zerbrechen wie eine, deren Lippe übermäßig ausgedünnt wurde. Eine ähnlich verstärkende Aufgabe hat der Fußring, der bei den meisten offenen Formen abgedreht wird. Durch ihn vermeidet man unter anderem, daß sich der Boden beim Trocknen oder beim Brand verzieht. Ausgehend von der Krümmung des Bodens und der Wahrscheinlichkeit eines Fußringes wird man den Boden dicker belassen als bei einem zylindrischen Gefäß.

90

Zentrieren – Aufbrechen – Bodensetzen

Zentrieren Sie den Tonbatzen, wie schon bei der Behandlung zylindrischer Formen beschrieben. Drücken Sie ihn dann entsprechend der gewünschten Form herunter. Je breiter und flacher der Tonkegel ausfällt, desto weiter und flacher wird das Gefäß werden. Erinnern Sie sich, daß die Handkante der rechten Hand das Niederdrücken besorgt, während der Handballen der linken den Tonkegel in der Zentrierung hält. Dabei übt die linke Hand relativ wenig Druck aus, soll doch der Tonkegel in die Breite gedrückt werden. Mit der flachen Hand kann man dem Tonbatzen zum Schluß seine endgültige Gestalt verleihen (**91**).

Zum Aufbrechen benutzen Sie diesmal die Finger der rechten Hand, da schon bei diesem Schritt der Öffnungswinkel flacher ausfallen sollte als bei einem zylindrischen Gefäß. Stützen Sie dabei den rechten Daumen auf den Handrükken der linken Hand, die weiterhin den Tonkegel zentriert hält (**92**). Denken Sie daran, daß Sie den Boden etwa doppelt so stark belassen sollten, wie Sie das bei einer zylindrischen Form tun würden, um ein späteres Abdrehen und die Ausbildung eines Fußringes zu ermöglichen.

Wie Sie vielleicht schon beim Aufbrechen bemerkt haben, bildet sich um die Öffnung herum ein sich aufwölbender Tonring, der sich beim Bodensetzen noch erhöht und den es zu kontrollieren gilt, damit er nicht nach außen umkippt und dabei Wasser und Schlicker mit einschließt. Wenn Sie bemerken, daß dies beim Bodensetzen mit der rechten Hand (**93**) nicht mehr möglich ist, dann wechseln Sie über zur linken. Die Finger greifen dabei gekrümmt in die Öffnung, und der Daumen liegt an der Außenkante des aufgebrochenen Tonbatzens an. Die rechte Hand liegt auf der linken auf und hilft somit, die erforderliche Kraft aufzubringen, den Ton von der Mitte zum Rand zu drängen (**94**).

Der außen anliegende Daumen der linken Hand erfühlt durch die Distanz zu den Fingern, wo der Boden in die Wandung übergehen muß und wo deshalb der Druck der Finger nachläßt, um diesen Übergang kontinuierlich zu gestalten. Bei

91

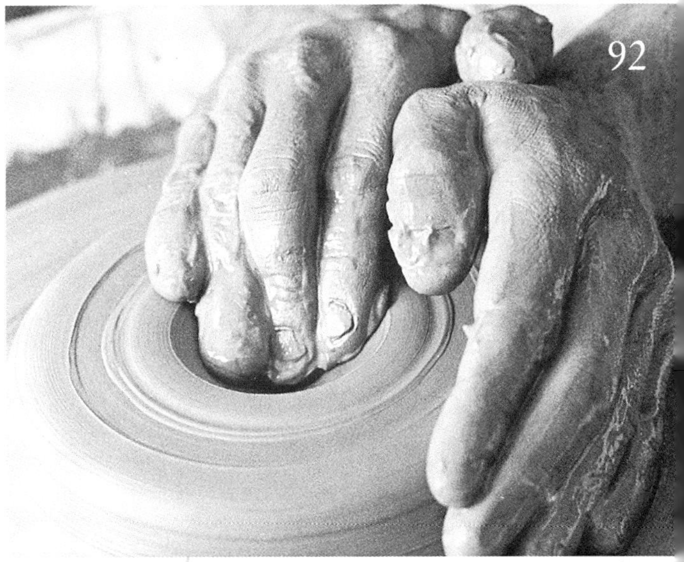

92

93

94

95

96

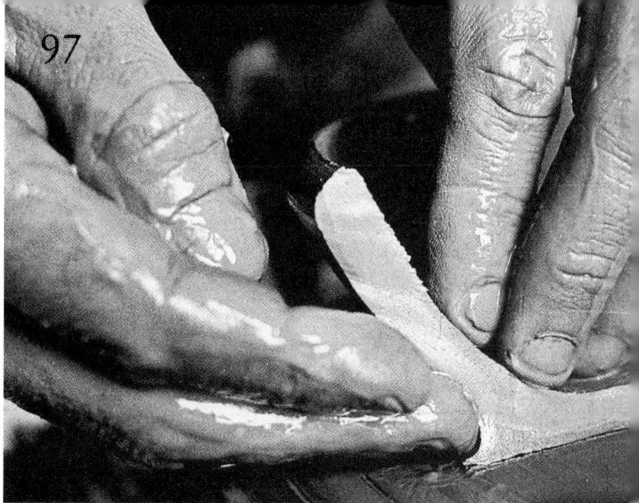

97

98

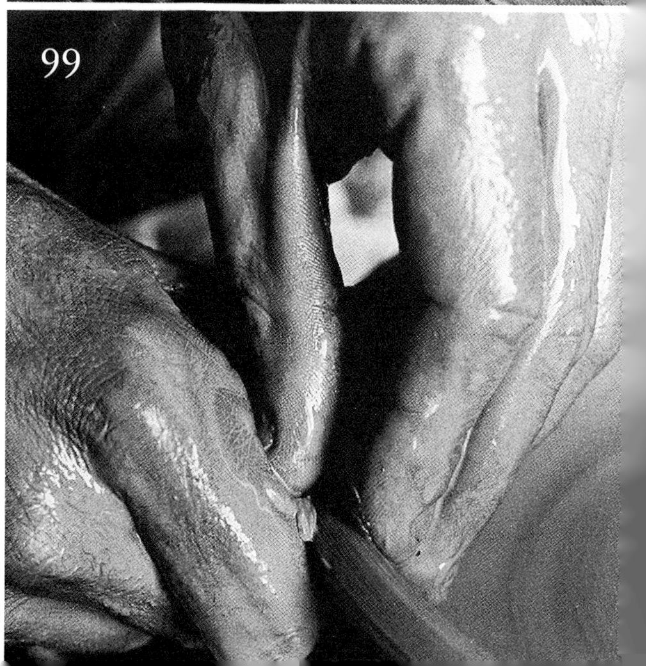

99

dem flachen Teller unserer Abbildungen ist es weniger ersichtlich, aber denken Sie daran, daß die Finger schon beim ganzen Verlauf des Bodensetzens eine dem Gefäß entsprechend mehr oder weniger akzentuierte Kurve nach oben hin beschreiben.
Haben Sie beim Bodensetzen große Tonmengen zu bewegen, so reicht manchmal die Kraft der Finger nicht mehr aus. Benutzen Sie dann den Handballen der rechten Hand, die sich vom Zentrum des Gefäßes aus vom Körper weg nach links schiebt, also gegen die Drehrichtung des Tons. Die linke Hand hält dabei die Kante zentriert (**95**).
Ist die Wandung erreicht, gilt es, den Boden, der wahrscheinlich durch die Kraftanwendung mehr Rillen aufweist als der Boden eines zylindrischen Gefäßes, zu glätten und dabei die Krümmung ein wenig nachzuarbeiten. Tun Sie dies mit den Polstern der ersten Fingerglieder, die flach auf dem Ton aufliegen und die Sie von der Mitte aus zum Körper hinziehen (**96**). Die Daumen sind dabei verschränkt, um eine ruhige und sichere Handführung zu gewährleisten. Vermeiden Sie bei diesem Schritt, daß sich ein Tonwulst aufwölbt, der überkippen und Schlicker mit einschließen könnte. Ein solcher Tonwulst ist immer Zeichen für einen zu starken Druck. Bewegen Sie die Fingerkuppen nicht nur nach außen, sondern auch mal nach innen, was den Boden weiter konsolidiert.

Hochziehen der Wandung und Formgebung

Die Handgriffe beim Hochziehen der Wandung sind im wesentlichen dieselben wie bei zylindrischen Gebilden. Säubern Sie den Fuß des aufgebrochenen Tonkegels und drücken Sie dabei eine leichte Rille dort ein, wo der Ton auf dem Scheibenkopf aufliegt, als Angriffspunkt für den Fingerknöchel. Kommen Sie mit dem Fingerknöchel nicht an die untere Außenkante heran, so benutzen Sie die Fingerkuppen.

100

Das Hochziehen wird man wieder, je nach beabsichtigter Höhe des Gefäßes, in zwei bis drei Zügen besorgen. Während sich beim Zylinder die Wandung nach innen neigen sollte, wenigstens im oberen Teil, strebt die Wandung eines offenen Gefäßes schon beim ersten Zug nach außen. Beachten Sie die veränderte Stellung der linken Hand, die wie immer innen arbeitet: Um den gekrümmten Übergang zwischen Boden und Wandung beizubehalten und vielleicht noch zu betonen, ziehen die Fingerkuppen diesen in senkrechter Richtung zum Wandungsverlauf nach (**97**) und drehen sich erst dann langsam in die Waagerechte und »heben« die Wandung, wenn sie den Übergang Boden-Wandung hinter sich gelassen haben (**98**).
Achten Sie schon beim Hochziehen auf die Stärke der Lippe (**99**), denn bei einer weit ausladenden Form den zu dünn geratenen Rand nachträg-

101

102

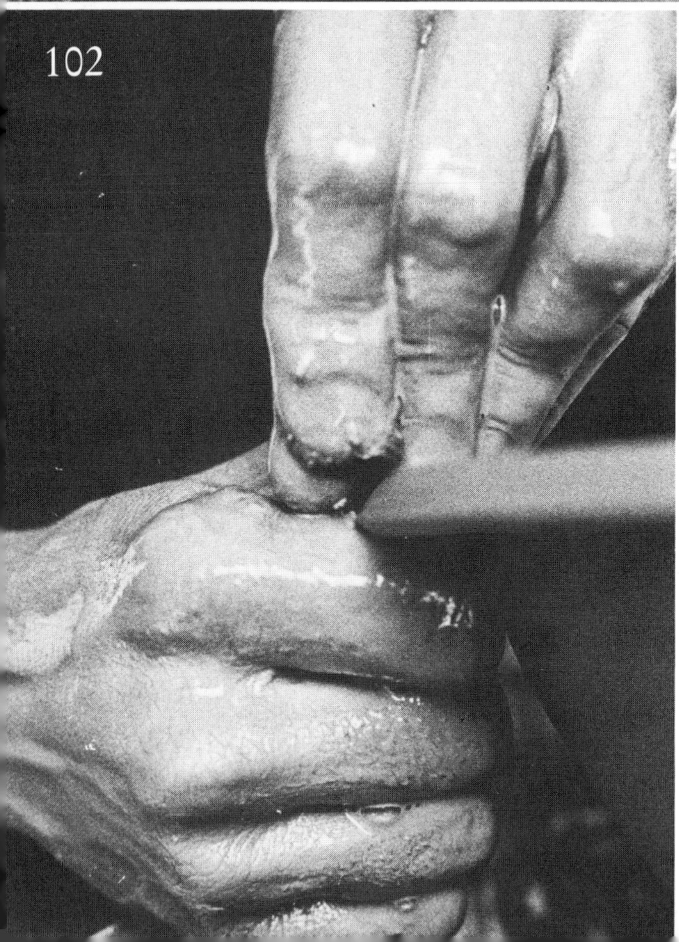

lich zusammendrücken zu wollen, ist so gut wie unmöglich.

Bild **100** zeigt noch einmal die Ergebnisse der drei Züge für offene Gefäße.

Schon mehrmals haben wir die Zentrifugalkraft angesprochen, die sich so sehr auf eine nach außen strebende Form auswirkt und die Sie wahrscheinlich schon dazu veranlaßt hat, die Geschwindigkeit der Scheibe zu reduzieren. Zur Formgebung vermindern Sie noch einmal die Umdrehungszahl. Benutzen Sie, genau wie bei zylindrischen Formen, die Fingerkuppen zur Gestaltung. Je nach Neigungswinkel wird die Innenhand etwas höher stehen als die außen.

Wie wir schon gesehen haben, liegt die Betonung bei einer offenen Form auf der ungebrochenen Kurve, und das Augenmerk des Betrachters richtet sich auf die Innenfläche. Es ist deshalb wünschenswert, diese zu glätten und herzurichten. Ein einfaches Werkzeug, das man sich selber herstellen kann, hilft wesentlich dabei. Es ist dies eine Viertelkugel aus geschrühtem Ton, die man in verschiedenen Größen besitzen sollte: Arbeiten Sie dazu ein Schälchen in Halbkugelform, drehen Sie es außen, der Innenkurve entsprechend, ab und schneiden Sie es mit einem Draht in zwei Hälften. Nach dem Brennen können Sie es für die Innenflächen offener Formen benutzen, so wie Sie eine Drehschiene oder ein Rohr für die Außenfläche zylindrischer Formen einsetzen – schon beim Hochziehen oder erst zur Versäuberung der bereits fertigen Form (**101**). Anders als die Drehschiene sollte die Viertelkugel immer nur in feuchtem Zustand benutzt werden, denn sonst würde die poröse Oberfläche auf dem Ton nicht gleiten.

Es wurde schon einmal angesprochen, daß entsprechend der Plastizität und dem Feuchtigkeitsgehalt der Ton ein Ausschwingen der Form mehr oder weniger zuläßt. Versuchen Sie, bei der Herstellung eines offenen Gefäßes nur so viel wie nötig und so wenig wie möglich Wasser zu verwenden, damit der Ton nicht zu weich wird und die Form in sich zusammensackt. Die Gren-

103

104

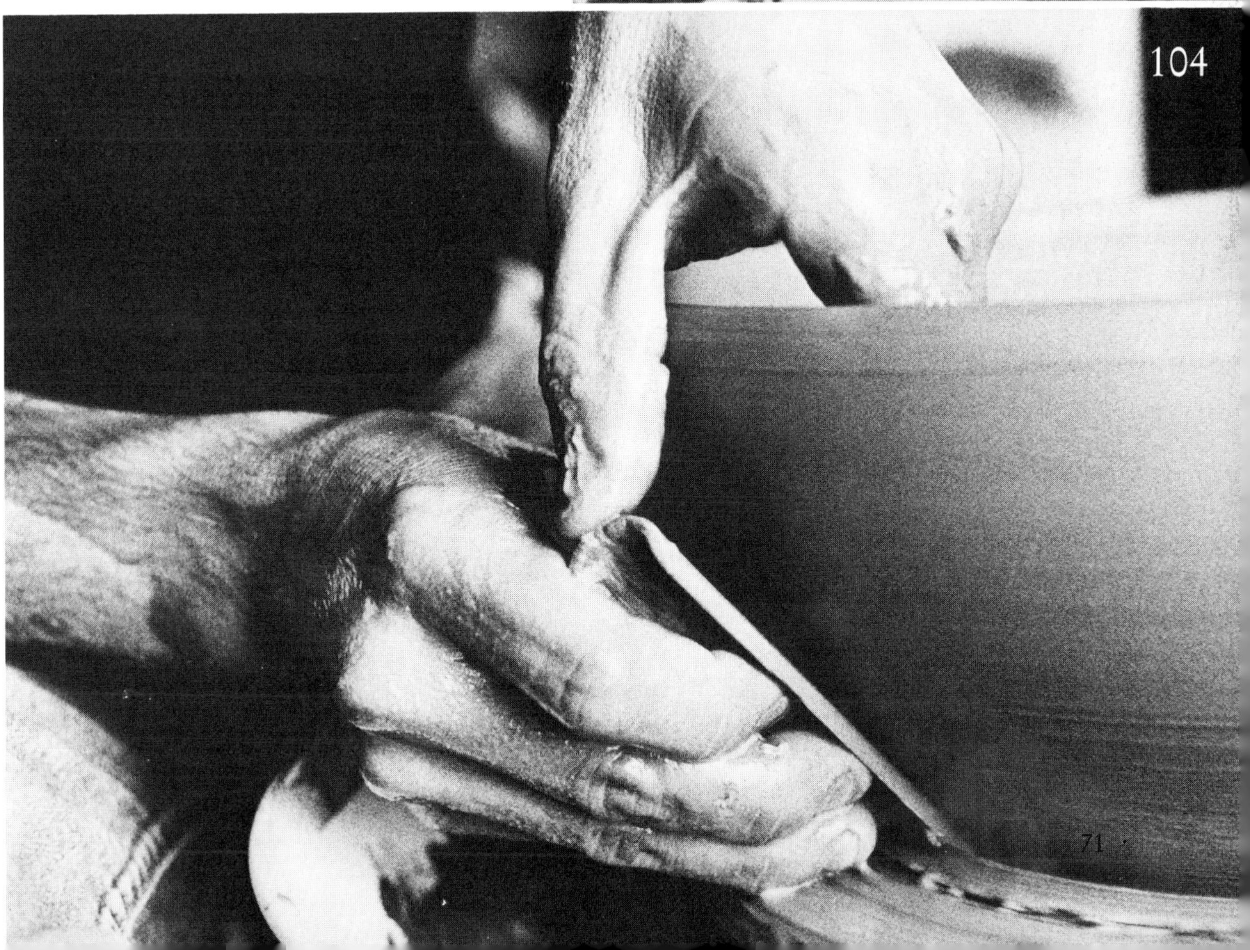

zen werden Sie allerdings erst durch Ausprobieren erkennen können.
Abgesehen davon, daß man die Wandung relativ stark lassen sollte, wirken sich außerdem Richtungsänderungen und ein umgebogener Rand sehr positiv auf die Stabilität einer offenen Form aus (**102**). Natürlich müssen solch ausschwingende Ränder bei der Herstellung gebührend von der anderen Hand unterstützt werden (**103**).

Ist der Formgebungsprozeß abgeschlossen, so empfiehlt es sich, die Bodenkante ein wenig herzurichten. Bei Tellern mit weit ausladendem Rand verwendet man dazu ein langes Werkzeug wie zum Beispiel das Rohr (**104**). Wenn man nur schwerlich an die Bodenkante herankommt, so sollte man wenigstens einen leichten Unterschnitt anbringen, der das Ansetzen des Schneidedrahts wesentlich vereinfacht.

Das Drehen großer Stücke

Das Zentrieren

Die erste Schwierigkeit, mit der wir uns beim Drehen besonders großer Stücke konfrontiert sehen, ist die notwendigerweise große Masse Ton, die es vorzubereiten und zu zentrieren gilt. Ab einer Menge von ca. 6 kg erfordert der Zentriervorgang eine ganz schöne Portion Kraft, und zwar um so mehr, je ungeschickter man die Sache anpackt.
Schon beim Kneten des Tons teilt man sich am besten die Arbeit kraftsparend auf. Zerschneiden Sie die Gesamttonmenge in zwei oder mehr Teile, je nachdem, wieviel Sie auf einmal zu bewältigen vermögen. Da die Teile später wieder zu einem Ganzen zusammengefügt werden, müssen alle die gleiche Konsistenz haben. Nach dem Kneten der einzelnen Batzen werden deshalb diese erneut aufgeteilt und mit der Hälfte eines anderen Batzens verarbeitet. Dieser Mischvorgang sollte mehrere Male wiederholt werden, um die größtmögliche Homogenität der Gesamttonmenge zu erreichen.
Je nach verwendeter Tonmenge, Kraft und persönlichen Vorlieben haben Sie nun zwei Möglichkeiten, den großen Batzen zu zentrieren:
Vereinen Sie die Teilbatzen zu einem großen Kegel, dessen Unterseite ein wenig nach außen gewölbt ist. Feuchten Sie die Scheibe leicht an und setzen Sie den Kegel möglichst genau in die Mitte. Vermeiden Sie es, solch große Tonmengen auf den Scheibenkopf zu werfen; durch das beträchtliche Gewicht könnten Sie Schaden anrichten. Drücken Sie die Unterkante wie gewohnt mit dem Finger an und setzen Sie die Scheibe langsam in Bewegung. Klopfen Sie nun den Tonklumpen mit den trockenen Handflächen, bis er völlig rund und zum endgültigen Zentrieren gut vorbereitet ist (**105**). Feuchten Sie dann die Hände gut an, stützen Sie die Ellenbogen am Körper ab und drücken Sie mit beiden Handballen dicht über dem Scheibenkopf in Richtung Zentrum (**106**). Ist der untere Teil zentriert, das heißt sind die Unregelmäßigkeiten alle nach oben geschoben, dann lassen Sie die Hände ein Stück weiter nach oben gleiten. So zentrieren Sie Stück für Stück, indem Sie immer wieder unten ansetzen und nach innen und oben arbeiten. Den obersten Teil des Kegels zentrieren Sie, indem Sie die Hände halten wie beim Herabdrücken eines normalgewichtigen Batzens. Um den Kegel abzustumpfen und ihm die richtige Ausgangsform für Ihr Gefäß zu geben, benutzen Sie wieder die Handballen: Der linke drückt von außen, um den Durchmesser zu kontrollieren, der rechte drückt von oben.

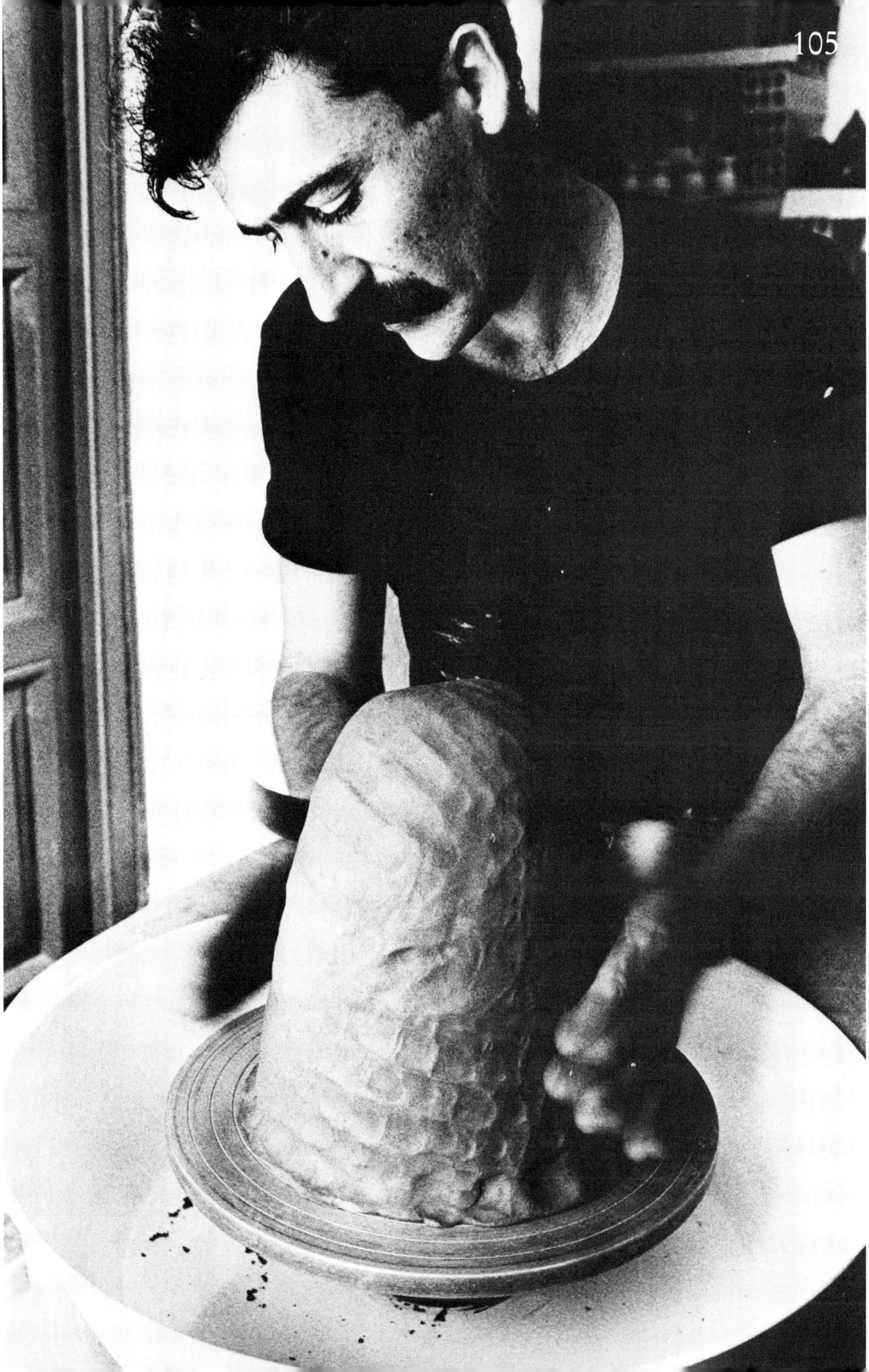

106

107

Die andere Möglichkeit, große Tonbatzen zu zentrieren, ist das Zentrieren in Etappen. Sie bereiten zwei oder mehr normalgewichtige Tonbatzen vor, die alle die gleiche Konsistenz besitzen müssen. Rollen Sie dann mehrere Kegel mit leicht aufgewölbter Standfläche, setzen Sie den ersten auf die Scheibe und zentrieren Sie ihn. Läuft der erste rund, so setzen Sie den nächsten obenauf, möglichst gut in die Mitte, und vereinen die beiden Kegel, indem Sie nun abwechselnd vom unteren Teil nach oben arbeiten und den oberen herabdrücken (**107**). Sind die beiden Stücke zusammengewachsen, zentrieren Sie den Gesamtkegel noch einmal nach. Falls notwendig können Sie einen dritten Kegel aufsetzen und so weiter.

Das Aufbrechen

Zum Aufbrechen solcher Tonmengen reicht die Kraft der Fingerspitzen nicht mehr aus. Nehmen Sie deshalb die ganze Faust dazu, aus der der Fingerknöchel des Mittelfingers ein wenig herausragt. Probieren Sie aus, welche Faust Ihnen mehr Sicherheitsgefühl gibt, ich persönlich benutze die linke. Die andere Hand kontrolliert anfangs noch den Außendurchmesser (**108**), aber je weiter die Faust nach unten dringt bzw. je größer der Tonbatzen ist, desto mehr bedarf sie der Stütze, und die andere Hand drückt am Handgelenk mit (**109, 110**).
Es kann passieren, daß bei dieser Art des Aufbrechens der Tonkegel leicht dezentriert wird. Das fängt man dadurch auf, daß man mit der flachen rechten Hand wie beim Zentrieren nach innen drückt, während die linke, um den Rand gebogen, diesen unter Kontrolle bringt (**111**). Dieselbe Verfahrensweise, ein bißchen sanfter angewandt, hilft auch, einen Zylinder, der beim Bodensetzen zu weit geworden ist, wieder in die richtige Form zu bringen.
Der Boden wird mit beiden Händen gesetzt, die sich überlappen und somit mehr Kraft ausüben können (**112**). Vergessen Sie nicht, den Fuß des Kegels zu versäubern, damit Sie besser zum Hochziehen ansetzen können.

108

109

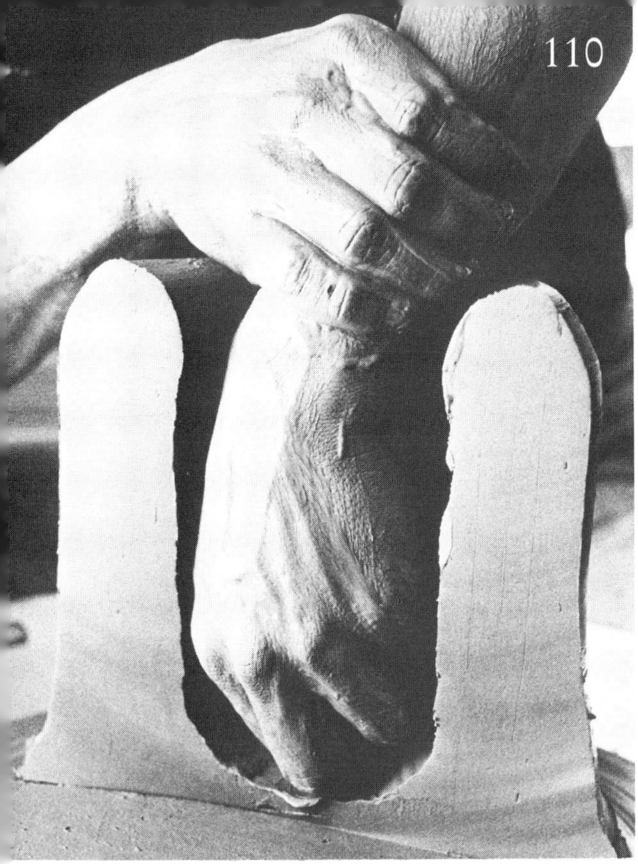

Hochziehen und Formgebung

Das Hochziehen folgt den gleichen Regeln wie bei mittelgroßen Gefäßen. Für den ersten Zug nehmen Sie die Fingerleiste der rechten Hand zu Hilfe. Die weiteren Züge, meist sind mehr als drei notwendig, führt man, wie gehabt, mit dem Fingerknöchel aus (**113**).
Eine solch große Tonmenge übt einen starken Druck aus, dem Sie widerstehen müssen. Gehen Sie deshalb, wenn Sie im Stehen arbeiten, so dicht wie möglich an die Scheibe heran und versuchen Sie, die Arme eine Stütze am Körper finden zu lassen, damit der Ton sie nicht mitreißt.
Für die Formgebung sind keinerlei Veränderungen gegenüber dem Verfahren bei kleineren Gefäßen zu beachten. Bearbeiten Sie auf alle Fälle die Bodenkante nach dem Freidrehen, denn bei einem solch großen Gefäß ist Abdrehen problematisch.

Das Abdrehen

Abdrehen nennt man den Schritt in der Behandlung eines freigedrehten Gefäßes, bei dem vom lederhart gewordenen Stück überflüssiger Ton weggeschält wird und damit die Wandung eine gleichmäßige Stärke erhält.
Nicht alle Töpfe wird man abdrehen. Ist eine von

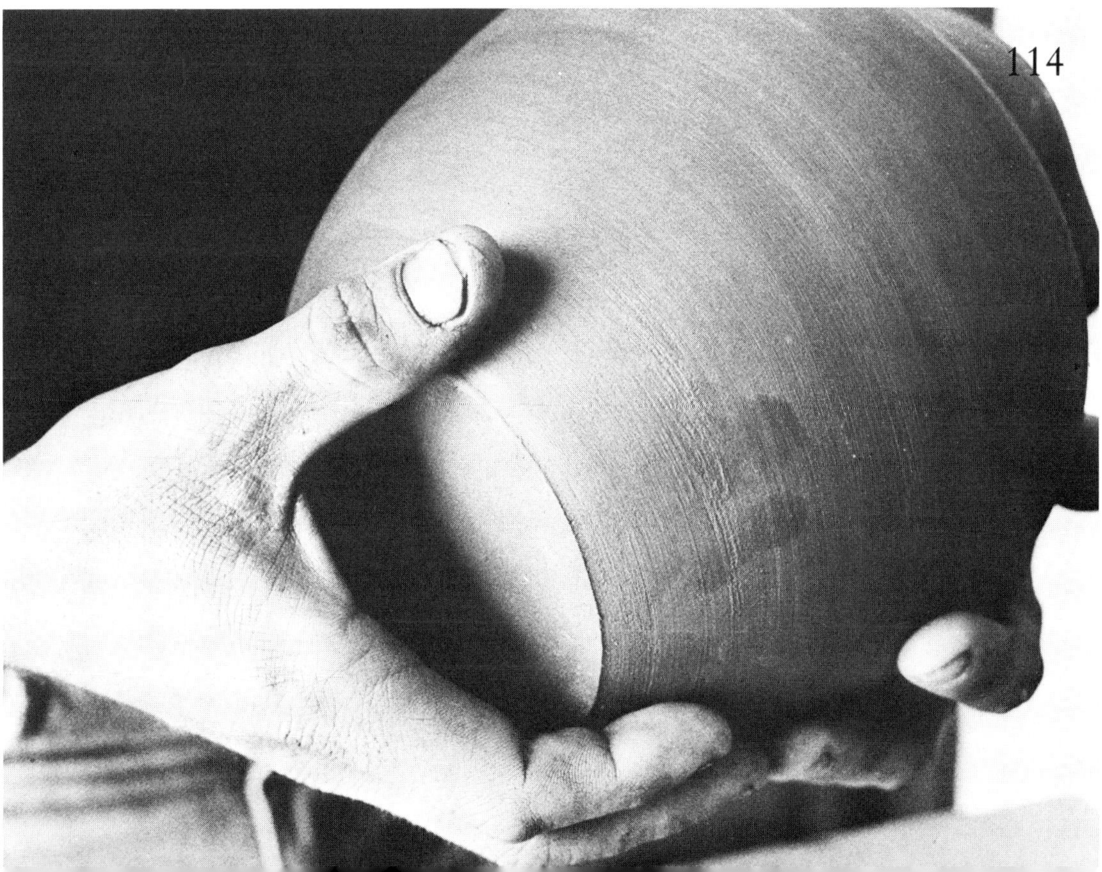
114

einem Zylinder ausgehende Form am Boden gut ausgebildet und sorgfältig von der Scheibe abgeschnitten, so genügt es, wenn man den Boden mit der Metallniere glattstreicht und die Kante mit dem Fingernagel oder der Fingerkuppe versäubert (**114**). Bei manchen Gefäßen ist jedoch aus ästhetischen oder aus Stabilitätsgründen ein Abdrehen unbedingt notwendig. Man denke dabei zum Beispiel an eine Teekanne, deren Boden beim Ausschenken sichtbar wird, oder an eine Schale, deren untere Wandung stärker belassen wurde, um die weit ausschwingenden Seiten zu stützen. Offene Formen dreht man fast immer ab, und in den meisten Fällen dreht man einen Fußring an, der die Widerstandsfähigkeit des offenen Gefäßes wesentlich erhöht.

Freidrehen und Abdrehen sind zwei total verschiedene Arbeitsgänge. Während wir beim Freidrehen die Plastizität, die Dehnbarkeit des Tons ausnutzen, seine Fügsamkeit in bestimmte Formen, können wir in dem für das Abdrehen adäquaten Zustand des Tons mit diesen Eigenschaften nicht mehr rechnen.

Ein Gefäß ist dann zum Abdrehen geeignet, wenn der Ton lederhart geworden ist, das heißt, wenn man ihn zwar noch mit dem Fingernagel einritzen, aber nicht mehr verformen kann. Diese Definition umfaßt natürlich eine gewisse Zustandsspanne, innerhalb derer jeder Töpfer entsprechend seinen Vorlieben den genauen Punkt für sich herausfinden muß. Das kostet sicher Lehrgeld, aber wenn man sich ein paarmal mit verklebtem Werkzeug und unscharfen Kanten herumgeärgert hat, weil der Ton noch zu weich war, oder die Ränder bröckelten und das Abdreheisen hüpfte und nicht greifen wollte, weil das Material schon auf dem besten Wege zum knochentrockenen Zustand war, wird man in Zukunft den bestimmten Punkt besser abschätzen und abwarten können.

Hat der Ton die richtige Konsistenz, was einschließt, daß er gleichmäßig getrocknet ist und nicht etwa die eine Seite des Gefäßes durch Luftzug trockener geworden ist als die andere, dann schält er sich unter dem Abdrehwerkzeug in langen Streifen ab, die auch nicht wieder am Gefäß ankleben.

Die Werkzeuge

Die Abdrehwerkzeuge, auch Abdreheisen genannt, sind in vielen Formen im Handel erhältlich (**115**). Die Klingen sind um 90° abgebogen oder in Schlingenform angelegt, damit man ohne Schwierigkeiten mit der scharfen Seite an der Gefäßwand entlangfahren kann. Abdreheisen sollten von Zeit zu Zeit nachgeschliffen werden, da sie bei Gebrauch, besonders bei schamottiertem Ton, allmählich abstumpfen. Es ist gut, eine kleine Auswahl solcher Abdreheisen zu besitzen, auch eines mit einer Rundung für Hohlkehlen.

Das Zentrieren

Zum Abdrehen muß das Gefäß mit der Öffnung nach unten auf den Scheibenkopf gesetzt werden. Ist die Gefäßlippe stark genug gearbeitet, der Ton im richtigen Zustand und die Scheibe absolut sauber, so passiert dabei im allgemeinen nichts. Bei besonders feinen Rändern allerdings sollte man sich überlegen, ob man nicht einen Tonfladen flach auf dem Scheibenkopf ausbreitet, in den man mit einem spitzen Werkzeug konzentrische Kreise einritzen kann und auf dem das Gefäß weicher gebettet ist als auf dem Metall der eigentlichen Scheibe. Aber auch hier ist wieder Vorsicht geboten. Der Ton des Fladens sollte ein wenig angetrocknet sein, damit das Gefäß nicht klebt.

Einmal auf die Scheibe gebracht, muß das Gefäß zentriert werden, wobei die in den Scheibenkopf eingravierten Ringe wesentlich helfen. Aber sie werden nie hundertprozentig mit Ihrem Gefäß übereinstimmen, da sich dieses beim Trocknen verzogen haben kann oder die Zentrierung des Bodens nicht mit der des Randes übereinstimmt. Beim Zentrieren muß man so genau wie möglich vorgehen und sollte sich als Anfänger seine Zeit dazu nehmen, denn durch eine Dezentrierung kann man ein schönes Gefäß total verderben. Sitzt das Gefäß nämlich nicht genau in der Mitte, wird beim Abdrehen die Wandung auf einer Seite dünner als auf der anderen, was im Endeffekt zu schiefem Aussehen oder gar zu Verformungen

und Rissen beim Trocknen und Brennen führen kann.
Wer je einen erfahrenen Berufstöpfer beobachtet hat, wie dieser mit ein paar Klapsen an den richtigen Stellen sein Gefäß in die Zentrierung rutschen läßt, der sollte sich nicht der Illusion hingeben, dies von heute auf morgen kopieren zu können. Für den Anfang sind andere Verfahrensweisen sicherer, wenn auch langsamer.
Ist das Gefäß gut abgeschnitten und der Boden somit waagerecht, so setzen Sie das Gefäß auf die Scheibe und zentrieren es vorläufig nach den eingravierten Ringen. Lassen Sie dann die Scheibe langsam laufen und halten Sie ein spitzes Werkzeug (Abdreheisen) in einer festen Position in der Nähe des Randes über den Gefäßboden. Senken Sie die Spitze langsam auf den Boden, bis sie eine Rille in diesen einritzt (**116**). Ist das Gefäß genau zentriert, so hat die Rille an jedem Punkt den gleichen Abstand zum Bodenrand. Ist die Entfernung an einer Stelle größer als an anderen, so halten Sie die Scheibe an und drehen den Scheibenkopf so, daß der Punkt mit der größten Entfernung vor Ihnen liegt. Schieben Sie an dieser Stelle das Gefäß sanft ein wenig in Richtung des Mittelpunktes, und zwar um die Hälfte des Unterschiedes zwischen dem größten und dem geringsten Abstand des gezogenen Kreises vom Bodenrand. Wollen sie die Zentrierung durch einen erneuten Kreis kontrollieren, so verwischen Sie am besten den zuvor gezogenen mit dem Finger, damit er sie nicht stört.
Ob der Gefäßboden waagerecht ist, können Sie leicht feststellen, indem Sie ein flaches Werkzeug

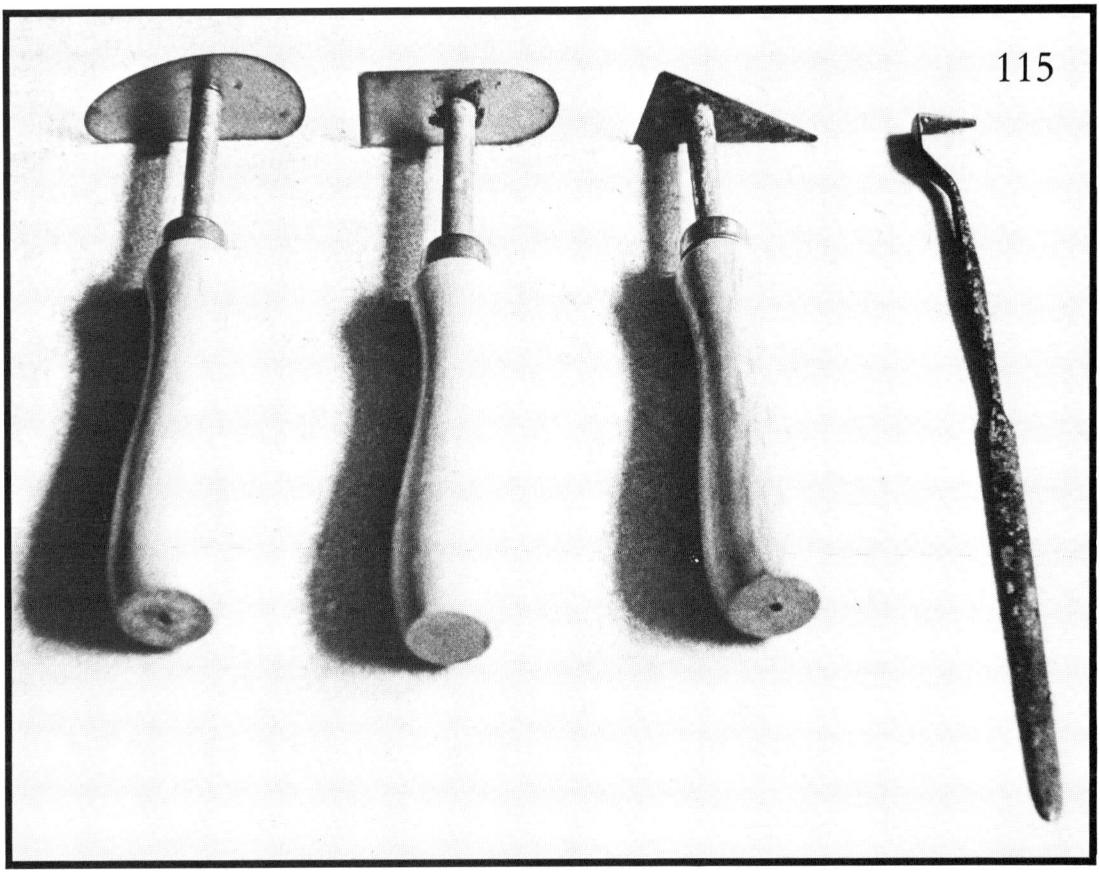
115

116

117

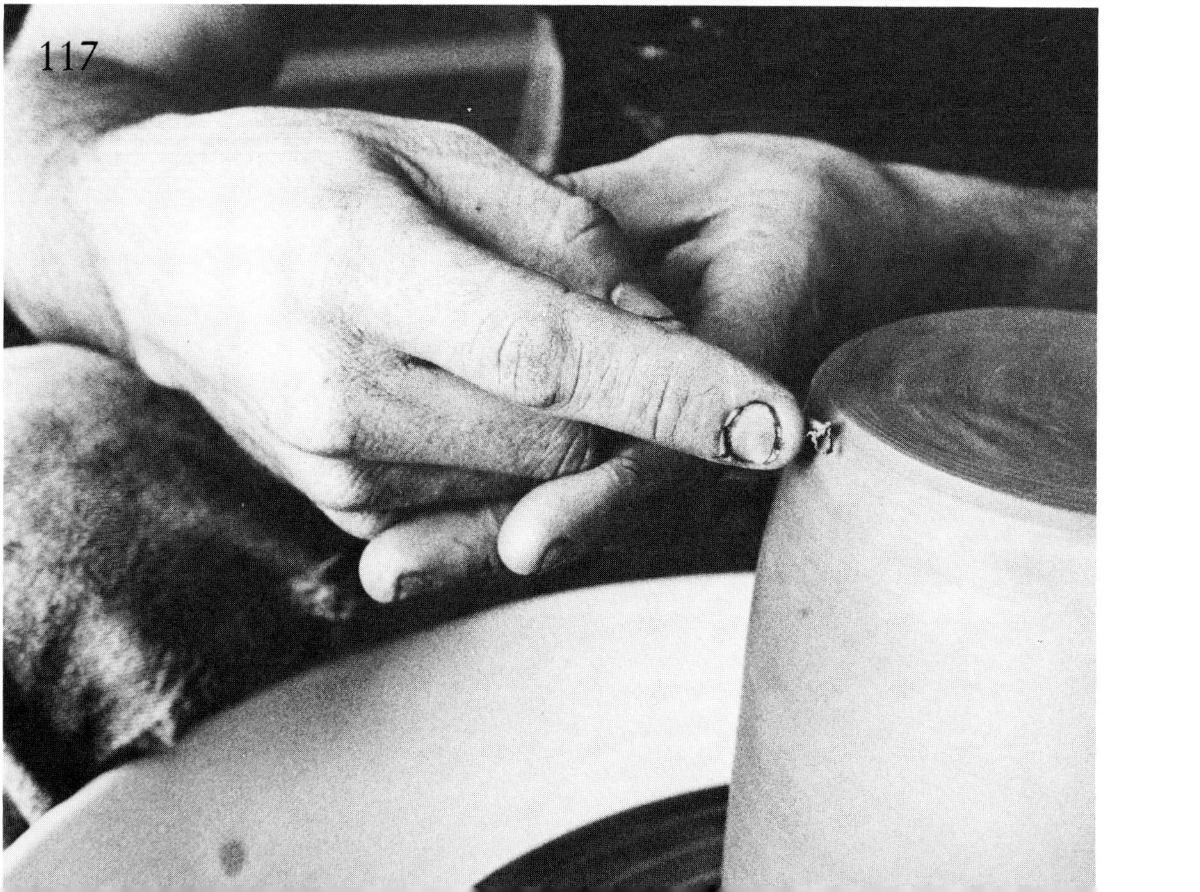

118

oder ein Lineal auf das umgedrehte Gefäß legen und die Scheibe laufen lassen. Ist der Boden schräg, so »eiert« das Lineal. In einem solchen Fall ritzen Sie nicht den Boden ein, sondern nähern sich mit einem spitzen Werkzeug oder der Nadel langsam von der Seite dem rotierenden Gefäß. Sie müssen die Nadel ganz ruhig halten und sie so lange weiter vorschieben, bis sie an einer Stelle das Gefäß ankratzt (**117**). Halten Sie dann die Scheibe an und rücken Sie an der Stelle des Kratzers das Gefäß sanft ein wenig in Richtung Scheibenmittelpunkt. Dies Verfahren muß so oft wiederholt werden, bis die Nadel ringsum gleichmäßig das Gefäß berühren kann, ohne anzustoßen oder große Abstände zu lassen.
Schon vor dem Zentrieren des Gefäßes haben Sie drei oder vier Tonbällchen vorbereitet, die das Gefäß festhalten sollen, damit es Ihnen nicht durch die Zentrifugalkraft von der Scheibe fliegt. Der Ton für diese Bällchen darf nicht zu feucht sein, da er sonst am Gefäß festklebt und den Rand verdirbt, aber auch nicht zu trocken, weil er dann nicht haftet. Halten Sie mit einer Hand das Gefäß zentriert und befestigen Sie mit der anderen die Tonbällchen (**118**). Drücken Sie diese nie direkt auf den Gefäßrand, sondern ein oder zwei Millimeter vom Rand senkrecht auf den Scheibenkopf und dann vorsichtig in waagerechter Richtung an das Gefäß. So entstehen keine Dellen.

Das Abdrehen

Nun kann das eigentliche Abdrehen beginnen. Die Scheibe läuft mit mäßiger Geschwindigkeit. Schon bevor Sie das Gefäß auf die Scheibe setzen, sollten Sie es sich innen und außen gründlich ansehen und eventuell die Stärke des Bodens und der Wandung in der Nähe des Bodens, wo man am meisten abdrehen wird, befühlen. So können Sie sich einprägen, wo Sie wieviel Ton wegschneiden müssen, um eine gleichmäßige Wandungsstärke des Gefäßes zu erreichen. Mit eini-

119

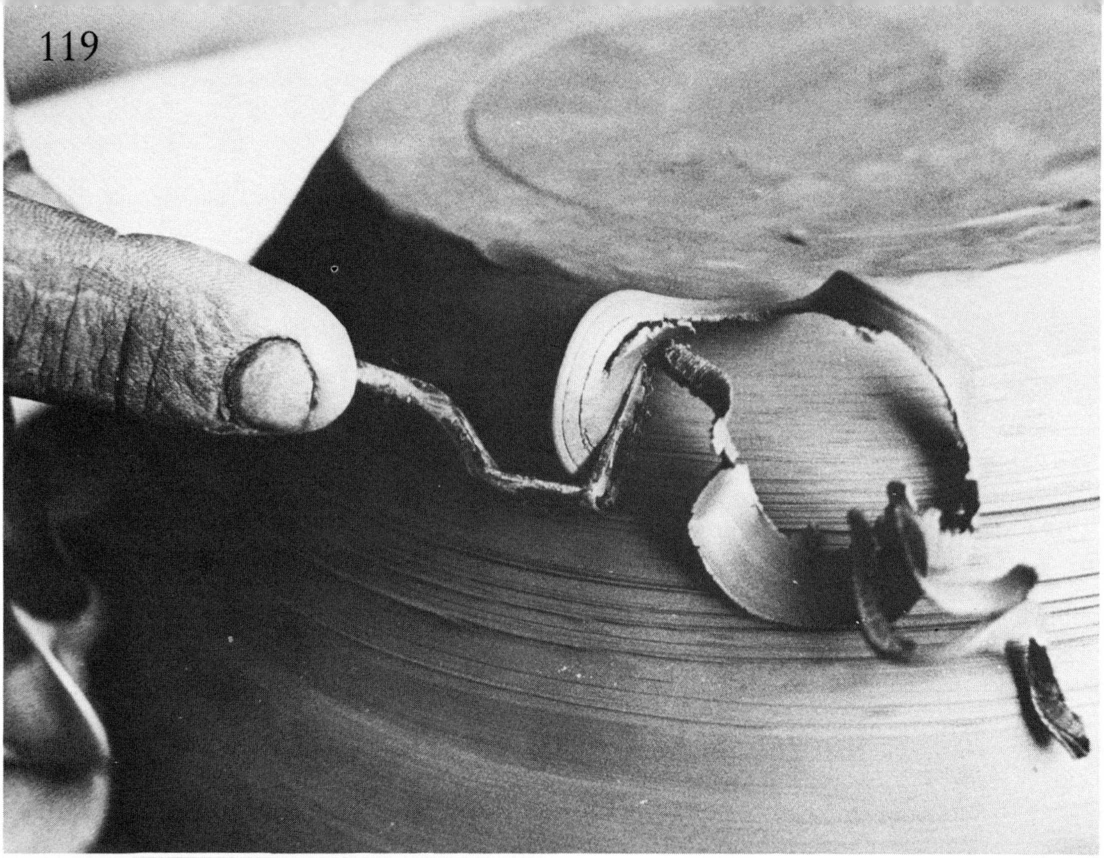

120

ger Praxis werden Ihnen das Gewicht und ein Vergleich des Auges zwischen der Innen- und der Außenform eines Stückes schon sagen, wo Sie mit dem Abdreheisen ansetzen müssen.
Fassen Sie das Abdreheisen mit der rechten Hand so, daß der Zeigefinger oben liegt und zwar in der Nähe der Schneide. Der Griff liegt in der Handfläche und wird vom Daumen und den restlichen Fingern gehalten. Die linke Hand unterstützt die rechte (s. Bild **120/121**). Bei der Bearbeitung der Gefäßwandung kann die linke Hand mit zwei oder drei Fingern leicht auf dem Gefäßboden ruhen. Die Schneide des Abdrehwerkzeugs steht im rechten Winkel zur Gefäßwand.
Führen Sie das Werkzeug von der Bodenkante an abwärts, den Rundungen der Gefäßform folgend, und rücken Sie nicht weiter vor, bis jeweils eine Umdrehung der Scheibe vollendet ist. Der Ton sollte sich in einer gleichmäßigen Spirale abschälen (**119**). In der Mehrzahl der Fälle dreht man nur etwa das untere Viertel eines Gefäßes ab. Manchmal wird man sich jedoch entschließen, die Oberfläche der gesamten Wandung abzunehmen, meist um eine bestimmte Struktur zu erzielen. Dieses Vorgehen taugt allerdings nicht dazu, eine zu stark freigedrehte Wandung zu korrigieren.
Ist die Wandung fertig, kommt der Boden an die Reihe. Wenn er gut abgeschnitten ist und die richtige Stärke hat, braucht man nur ganz wenig Ton wegzunehmen, um Unebenheiten auszugleichen. Ist der Boden aber zu dick oder schräg oder gar beides, empfiehlt es sich, einen Fuß abzudrehen. So ein Fuß muß nicht immer von außen sichtbar sein, er kann auch ausschließlich in einer Höhlung des Bodens bestehen (**120**). Bei einem gerade abgeschnittenen Boden ziehen Sie mit der Spitze des Abdreheisens eine Rille, die dem inneren Durchmesser des Fußes entspricht. Von dieser Rille aus einwärts schälen Sie dann den überflüssigen Ton ab. Beim Arbeiten von innen nach außen bestünde die Gefahr, daß Ihnen das Abdreheisen abrutschte und Sie gezwungenermaßen den Durchmesser der Fuß-

121

122

123

höhlung größer machen müßten, womit dann vom Fuß nicht viel übrigbliebe. Anschließend nivellieren Sie den stehengebliebenen Fußring, indem Sie das Werkzeug ganz fest in einer Position halten (**121**).
Ist der Boden eines Gefäßes nicht ganz plan, kann es passieren, daß das Abdreheisen an den unebenen Stellen hängenbleibt und das Gefäß aus der Zentrierung wirft. Diese Gefahr kann man verringern, indem man zuerst mit der Spitze des Werkzeugs tiefe Rillen in den Boden zieht, die anschließend der Breitseite des Abdreheisens nicht soviel Widerstand entgegensetzen (**122**).
Diese Methode kann man sowohl bei der Ausbildung von Fußringen als auch nur zur Erzielung eines ganz waagerechten Bodens anwenden. Unter Umständen muß man das Verfahren mehrmals wiederholen, bis der Boden die richtige Stärke erreicht hat.
Und wie weiß man, ob der Boden die richtige Stärke hat? werden Sie mit Recht fragen. Wie schon so oft müssen wir auf die Erfahrung und den vorherigen Vergleich von innen und außen durch das Auge verweisen. Außerdem können Sie während der Bearbeitung des Bodens öfters die Scheibe anhalten und mit dem Daumen leicht auf den Boden drücken (**123**). Gibt er nicht nach, ist er bestimmt noch zu dick. Ein leichtes Federn zeigt Ihnen an, daß etwa die richtige Stärke erreicht ist. Drückt sich der Boden schon bei der leisesten Berührung ein, machen Sie am besten gar nicht erst weiter, denn dann ist er schon so gut wie »durchgedreht«, das heißt, Sie haben vom Boden nicht viel übriggelassen. Anfangs passiert das wohl ab und zu, und es tut weh, den Topf zum »Schrott« zu tun, aber Fehler sind dazu da, gemacht zu werden, und das nächste mal sind Sie sicher vorsichtiger.
Von Zeit zu Zeit sollte man auch einmal ein abgedrehtes Gefäß durchschneiden, um zu sehen, ob Wandungsstärke, Boden und Fuß übereinstimmen. Zugegeben, bei einem frisch gedrehten Gefäß ist es einfacher, zum Schneidedraht zu greifen und es zu zerteilen, als bei einem schon abgedrehten und damit der Vollendung nahen. Trotzdem ist es aufschlußreich und für Ihre weitere Arbeit sehr nützlich. Machen Sie es

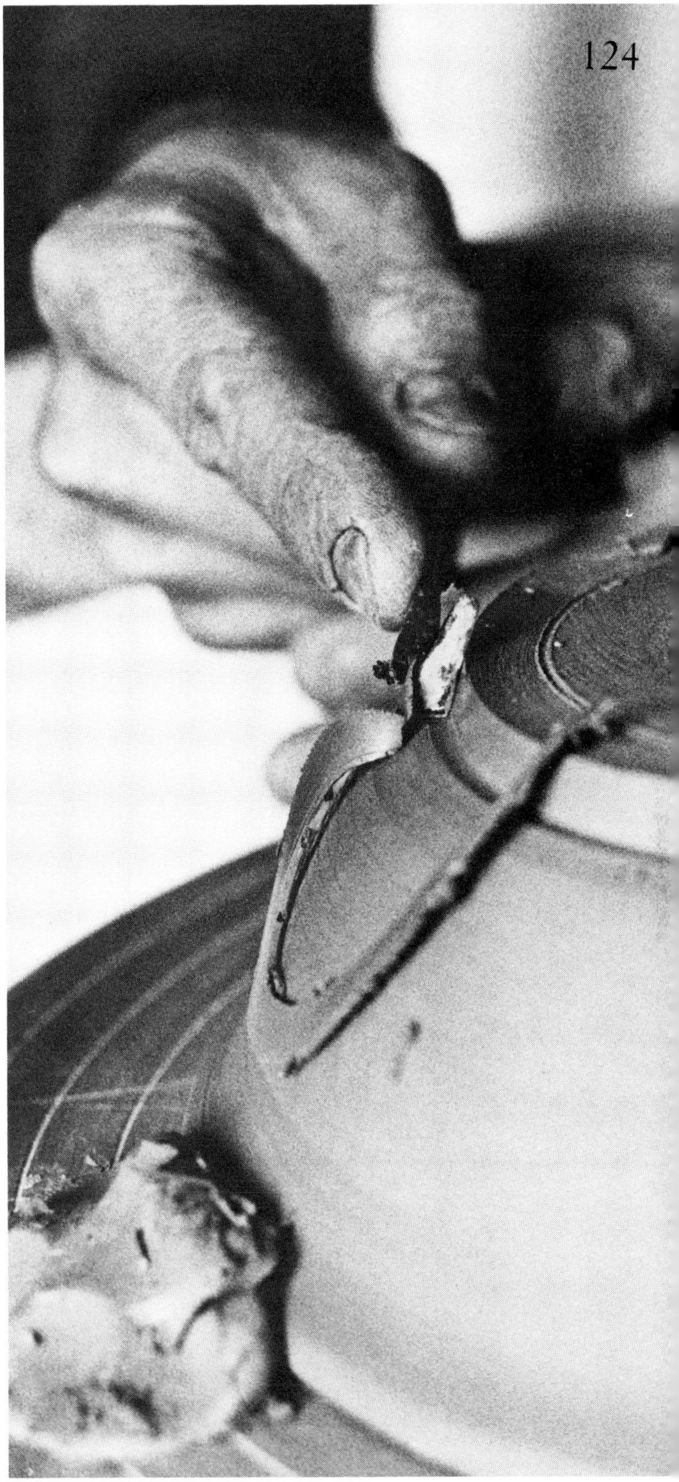
124

sich auch zur Gewohnheit, Stücke, die beim Trocknen Risse zeigen und die man deshalb nicht mehr brennen wird, zu zerteilen und auf die Ursache der Sprünge zu untersuchen. Vielleicht war es ein Abdrehfehler.

Bei flachen Gefäßen, wie zum Beispiel Tellern und Schalen, dreht man einen Fußring in anderer Weise ab. Die Außenseite desselben wird schon bei der Bearbeitung der Wandung festgelegt, wobei darauf zu achten ist, daß sich die Außenkurve des Gefäßes der Innenkurve anpaßt (**124**). Die Position des Fußringes ist ein wenig heikel, denn ein zierlicher Teller kann durch einen Fuß, der plump wirkt, weil er zu weit außen angebracht ist, genauso verlieren wie im umgekehrten Fall. Entsprechend dem äußeren Durchmesser des Fußringes legt man den inneren fest, und man führt ihn aus wie vorher schon beschrieben (**125, 126**). Zum Schluß glättet man ihn noch und rundet die Kanten ein wenig ab, indem man einen Finger bei rotierender Scheibe auf die verschiedenen Flächen hält oder eine flexible Metallscheibe zum gleichen Zweck einsetzt. Auch die Außenwandung kann man in gleicher Weise behandeln und so eine mattpolierte Oberfläche erzielen.

Im großen und ganzen ist das Abdrehen keine

125

126

schwierige Angelegenheit. Ein Problem, das dabei auftreten kann, ist das Rattern oder Hüpfen des Abdreheisens auf dem Gefäß, was häßliche Längsrillen auf der Oberfläche hinterläßt. Verantwortlich für ein solches Scheppern kann ein stumpfes Abdrehwerkzeug sein oder auch der Winkel, in dem es angesetzt wurde. Es kann auch sein, daß das Gefäß schon zu trocken war. Sind die Riefen einmal aufgetreten, dann hilft es nicht, das Werkzeug noch stärker an den Ton zu drükken. Im Gegenteil, es würde die Sache nur verschlimmern. Schneiden Sie mit der Spitze des Abdreheisens Rillen, die Sie dann wegnehmen. Das Verfahren ist dasselbe wie bei einem unebenen Boden. Manchmal beginnt das Abdreheisen auch zu hüpfen, weil es auf eine grobe Unebenheit getroffen ist. Solche Unregelmäßigkeiten, wie etwa Dellen, die durch Druck beim Abheben von der Scheibe in der Bodenkante auftreten, schabt man besser schon vor dem eigentlichen Abdrehen weg.

127

Abdrehhilfen

Was macht man mit einem bauchigen, einem enghalsigen Gefäß, das man nicht umgedreht auf die Scheibe bringen kann, oder mit einer Schale, deren Durchmesser größer ist als der des Scheibenkopfes? Die Lösung ist hier in einer Abdrehhilfe zu suchen, einem dickwandigen Tonzylinder, in dem oder auf dem die schwierigeren Formen abgedreht werden. Ein solcher Tonzylinder kann aus geschrühtem Ton sein oder in lederhartem Zustand, ja sogar in frischem. Es ist einsichtig, daß eine solche Abdrehhilfe, in manchen Gegenden auch Donsel genannt, auf der noch druckempfindlichen Oberfläche eines abdrehreifen, das heißt lederharten Gefäßes Spuren hinterlassen kann. Ich selbst bevorzuge deshalb ein Donsel aus frischem Ton, das weicher ist als der abzudrehende Gegenstand selbst. Eine frische Abdrehhilfe hat noch weitere Vorteile: Man hat keine Probleme, das Donsel zu zentrieren, und man kann es im Laufe der Arbeit beliebig verändern, hat man doch meist mehrere Gefäße verschiedener Größe, Weite, Höhe etc. zur gleichen Zeit abzudrehen. Dann beginnt man mit dem kleinsten und erweitert das Donsel jeweils entsprechend dem nächstgrößeren Stück.

Zur Herstellung eines solchen frischen Donsels zentrieren Sie einen Tonklumpen entsprechender Größe, brechen ihn bis zum Scheibenkopf hinunter auf, er braucht ja keinen Boden, und ziehen die Wandung mit ein bis zwei Zügen in die gewünschte Form. Die Wandung muß sehr stark belassen werden, damit sie das Gewicht des Gefäßes und den Druck, der beim Abdrehen entsteht, aushalten kann, ohne sich zu verziehen und damit exzentrisch zu werden. Auch eine leicht konvexe oder konkave Form trägt wesentlich zur Stabilität bei. Die Lippe wird für bauchige Gefäße nach innen (**127**), für offene Formen nach außen abgeschrägt (**128**). Denken sie beim Festlegen des Durchmessers daran, daß bauchige Gefäße in der Nähe ihres größten Umfangs unterstützt werden sollten und Schalen dort, wo

ihre Wandung keine allzu große Krümmung aufweist.
Ein Problem des frischen Donsels ist es, ein Ankleben des abzudrehenden Gegenstandes an der Abdrehhilfe zu vermeiden. Entweder entfernen Sie dazu mit einer Drehschiene oder einem fast trockenen Schwamm alles Wasser und Schlicker von der Oberfläche des Zylinders und bestreuen diesen dann an der Auflagefläche mit feinem Schamott oder mit Asche, oder Sie bedekken die Kontaktstelle mit einem Streifen feinen, schmiegsamen Stoffs oder Küchentuchs aus Papier.
Eine Abdrehhilfe, die im lederharten Zustand benutzt werden soll, wird etwa zum gleichen Zeitpunkt hergestellt wie der abzudrehende Gegenstand. Um sie wieder auf der Scheibe zu befestigen, rauht man sie unten an, beschmiert sie mit Schlicker und setzt sie möglichst zentrisch auf den Scheibenkopf. Das Donsel muß sofort nachzentriert werden, denn es dauert nicht lange, bis es fest auf der Scheibe haftet. Wenn Sie wollen, können Sie den oberen Rand noch abdrehen, um ganz sicherzugehen, daß es zentrisch läuft, und um die schon erwähnte Neigung des Randes nach innen oder außen anzubringen. Die Schwierigkeit des Anklebens tritt hier nicht auf, das Gefäß kann deshalb direkt aufgesetzt werden. Man braucht es auch nicht anders zu befestigen, es hält allein durch den Reibungswiderstand. Ein solches lederhartes Donsel kann man mehrmals verwenden und eine ganze Weile aufbewahren, wenn man es in Plastikfolie wickelt und vorsichtig behandelt.
Geschrühte Donsel, von denen man mehrere in verschiedenen Größen besitzen sollte, werden auf dem Scheibenkopf zentriert und mit Tonbällchen befestigt. Auch hier braucht man weder die Kontaktstelle zwischen Donsel und Gefäß abzudecken noch das Gefäß irgendwie zusätzlich zu befestigen.
Flache Formen zentriert man auf dem Donsel, indem man, wie schon beim Zentrieren direkt auf dem Scheibenkopf beschrieben, mit einem spitzen Werkzeug einen Kreis auf den Gefäßboden zeichnet und dann, entsprechend dem Kreisabstand von der Bodenkante, das Gefäß in waagerechter Richtung verschiebt. Tiefe offene Formen und bauchige Gefäße laufen dann zentrisch, wenn der Boden ganz waagerecht ausgerichtet ist. Die Voraussetzung dazu ist natürlich, daß der Boden selbst plan ist, das heißt nach dem

Freidrehen sauber und gerade von der Scheibe abgeschnitten.
Nähern Sie sich mit einem spitzen Werkzeug, das Sie ganz sicher und ruhig halten müssen, von oben dem Boden des Gefäßes in/auf der Abdrehhilfe. Das Gerät ritzt den Boden an manchen Stellen ein, an anderen nicht (**129**). Kippen Sie das Gefäß entsprechend in die Richtung, in der sich die tiefsten Ritzmarken befinden. Ist der Boden nicht plan, markieren Sie das Gefäß wieder von der Seite (**130**).
Beim Abdrehen in einem Donsel mag das Zentrieren dem Anfänger vielleicht noch nerviger und zeitraubender erscheinen als beim Abdrehen direkt auf der Scheibe. Es kann aber nicht genug darauf hingewiesen werden, wie wichtig es ist, daß der Topf zentrisch läuft. Durch Hast kann man auch bei diesem Schritt alles verderben.

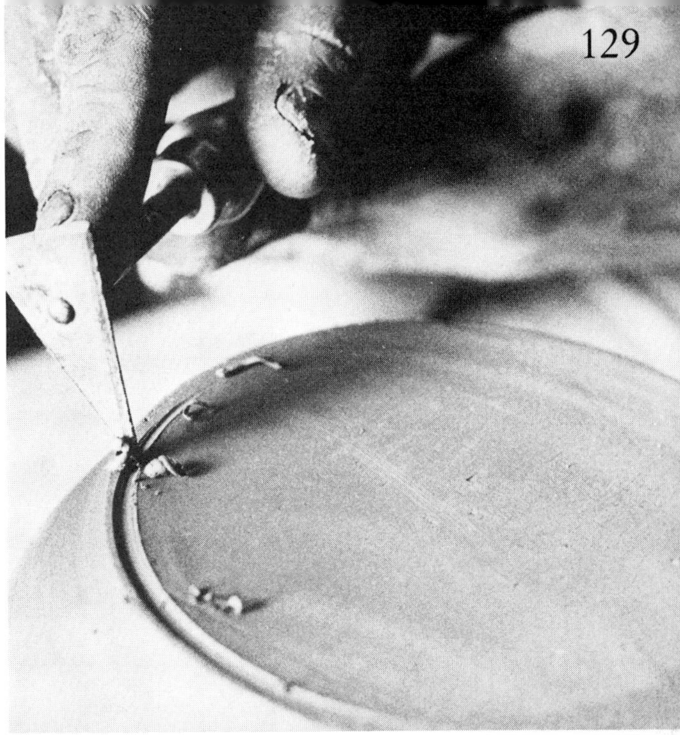
129

130

Spezielle Arbeitstechniken an der Scheibe

Das Drehen kleiner Formen vom Stock

Wenn man vor hat, viele kleine Formen nacheinander zu drehen, wie zum Beispiel Tassen oder Schüsselchen, dann ist es sehr zeitraubend und unbequem, die Tonklümpchen abzuwiegen und jedes einzeln zu zentrieren. Bei solch kleinen Tonmengen scheinen die Hände mehr im Weg als nützlich. Töpfer aller Zeiten haben deshalb auf die Methode des »Drehens vom Stock« zurückgegriffen, bei der von einem großen Tonkegel, der in seinem unteren Teil nicht einmal zentriert sein braucht, nacheinander die kleinen Stücke gedreht und abgenommen werden.
Zugegeben, wenn man die Tonklümpchen abwiegt und jedes einzeln direkt auf der Scheibe bearbeitet, kann man einen Meßstab benutzen und die Tassen – oder was immer es auch sein mag – sehr genau in gleicher Form und Größe herstellen. Aber ist bei einem kunsthandwerklich geschaffenen Service dies immer notwendig? Liegt der gewisse Reiz der Handarbeit nicht auch in den kleinen Unterschieden zwischen einem Stück und dem nächsten? Beim Drehen vom Stock muß man das Maß in den Händen und im Auge haben, und mit einiger Praxis gelingen die gewünschten Formen auch in etwa der gleichen Größe. Statt sieben Tassen für ein Service zu drehen (man stellt immer eine mehr her, für den Fall, daß während der verschiedenen Arbeitsgänge eine zerbricht), produziert der Bauerntöpfer gleich mehrere Serien und sucht sich aus der Gesamtheit der Tassen die heraus, die am besten zueinander passen.
Bringen Sie eine größere Menge Ton auf die Scheibe und ziehen Sie diesen zu einem schlanken Kegel hoch. Ein einmaliges Zusammendrükken und nochmaliges Hochziehen mögen genügen, den Gesamtkegel mehr oder weniger rund laufen zu lassen. Konzentrieren Sie sich nun auf den oberen Teil des Kegels. Dieser wird nun so oft wie notwendig, um ihn zu zentrieren, gedrückt und hochgezogen wie im Anfangskapitel »Zentrieren« beschrieben. Zum Schluß steht wieder ein hoher, schlanker Kegel auf der Scheibe.
Lassen Sie Ihre Hände an die Seiten des Kegelkopfes gleiten, die Daumen bleiben obenauf liegen, um die Zentrierung zu halten. Drücken Sie mit den Handkanten oder den Fingern eine leichte Rille in den Ton, und grenzen Sie damit die Tonmenge ab, die Sie für Ihr Vorhaben benötigen (**131**). Beachten Sie, daß der Durchmesser des Tonkegels an der Stelle der Abgrenzung auch den Bodendurchmesser Ihres Gefäßes mehr oder weniger festlegt.
Brechen Sie nun in der üblichen Weise auf, wobei Sie langsam und vorsichtig vorgehen und die linke Hand leicht an den Kegelkopf legen, ist doch die Kegelspitze empfindlicher gegenüber

heftigen Bewegungen und rutscht leichter aus der Zentrierung als ein größerer Klumpen Ton, der direkt auf der Scheibe aufsitzt. Es ist logisch, daß Sie beim Drehen vom Stock die Bodendicke nicht mit der Nadel messen können. Achten Sie deshalb genau darauf, bis wohin sie aufbrechen.
Das Bodensetzen und Hochziehen der Wandung kann auf die gleiche Weise geschehen wie in den entsprechenden Kapiteln beschrieben. Da es sich jedoch um geringe Mengen Ton handelt, können Sie auch das Bodensetzen und den ersten Zug kombinieren: Der Zeigefinger der rechten Hand befindet sich in der aufgebrochenen Höhlung, er ist leicht gekrümmt. Der Mittelfinger, gestützt von den restlichen, liegt angewinkelt an der Außenwandung. Der Daumen schafft die Verbindung zum Rücken der linken Hand, die den Ton an der anderen Seite leicht umfaßt und zentriert hält. Setzen Sie den Boden, indem Sie die rechte Hand langsam zu sich hinziehen (**132**).

131

Die Kuppe des Zeigefingers markiert den Boden und das obere Fingerglied und der Daumen der linken Hand kontrollieren den oberen Rand des verdrängten Tonwulstes.
Sind Sie dabei, eine offene Form, zum Beispiel eine Tasse, zu drehen, dann denken Sie an die Krümmung des Bodens und ziehen Sie, je weiter Sie nach außen drängen, nicht nur in die Waagerechte, sondern auch leicht nach oben (**133**). Diese Bewegung geht in ein Hochziehen über, wenn die Wandung erreicht ist, indem man den umlaufenden Ton leicht zwischen Zeige- und Mittelfinger quetscht (**134**). Die Hauptarbeit leisten dabei die Kuppe des Zeigefingers innen und das zweite, abgewinkelte Glied des Mittelfingers außen.
Wird eine geschlossene Form beabsichtigt, so geht man in derselben Weise vor, nur sollte man die Schritte Bodensetzen und Hochziehen klar voneinander trennen, um einen ebenen Boden und eine leicht nach innen geneigte Wandung zu erzielen.

132

133

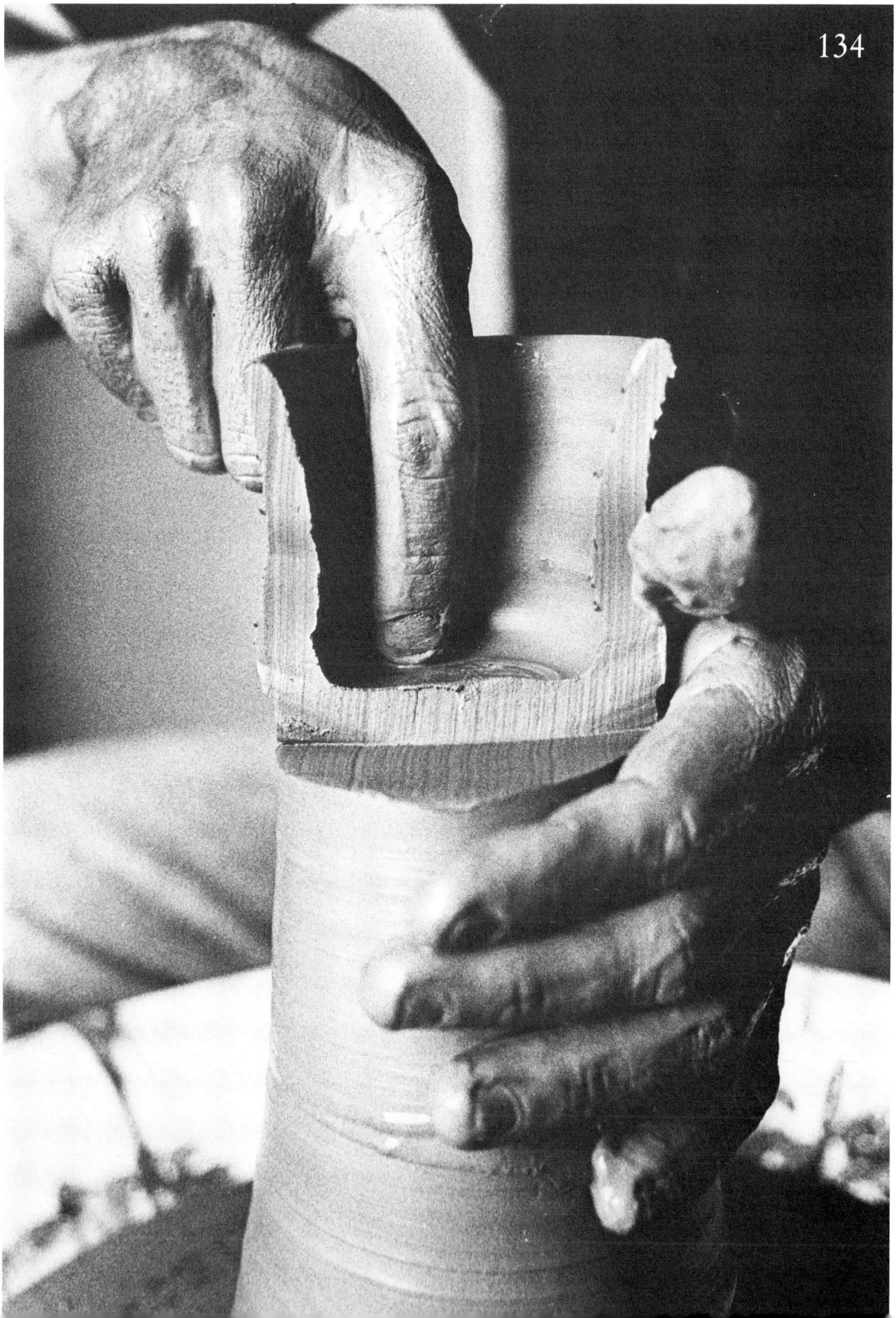

134

135

136

Ist der Boden einmal gesetzt, kontrollieren Sie mit den Fingern der linken Hand innen und denen der rechten Hand außen, ob die Bodenabgrenzung noch stimmt. Falls die vorher angelegte Rille noch vorhanden ist, akzentuieren Sie sie, ansonsten drücken Sie sie mit der Außenseite des ersten Daumengliedes erneut ein. Die linke Hand widersteht diesem Druck von innen, damit sich das Gefäß nicht verformt. Der Höhenunterschied zwischen den auf dem Innenboden ruhenden Fingern und dem Daumenglied außen zeigt Ihnen die Bodenstärke Ihres Gefäßes an.

Das weitere Hochziehen und die Formgebung können aufgrund der geringen Größe des Gefäßes gleichzeitig und in der üblichen Art und Weise geschehen (**135**).

Ist das Gefäß ausgeformt, ritzen Sie mit dem Daumennagel nochmals eine scharfe Rille an der Bodenkante ein, genau dort, wo Sie abschneiden wollen (**136**). Das Abschneiden eines Gefäßes vom Stock ist nicht ganz einfach und erfordert ein wenig Übung. Sie brauchen ein Stück feine, gedrehte Schnur anstelle des Schneidedrahtes. Wickeln Sie das eine Ende um die rechte Hand, damit es Ihnen nicht entgleiten kann, und lassen Sie das andere Ende anfangs nicht zu lang (ca. 20 cm) überstehen. Die Scheibe läuft langsam. Fassen Sie nun das freie Ende mit der linken Hand, greifen Sie um das Gefäß herum und legen Sie es auf der rechten Seite an die eingeritzte Bodenrille (**137**). Die Schnur ist gespannt. Solange Sie die rechte Hand nicht bewegen, läuft das Schnurende in der Rille. Geben Sie jetzt langsam Schnur nach, indem Sie mit der Hand auf das Gefäß zugehen: Die Schnur rollt sich in der Rille einmal um das Gefäß herum (**138**). Ist die Runde komplett, ziehen Sie stetig und ganz waagerecht die Schnur zurück, auf Sie zu. Das Gefäß ist abgeschnitten!

Das Durchziehen der Schnur darf auf keinen Fall ruckartig erfolgen, es könnte das Gefäß vom Stock werfen, und jede Richtungsänderung von der Waagerechten weg übersetzt sich in einen schiefen Boden. Wie gesagt, ein wenig Übung erfordert dieses Abschneiden schon, aber es macht auch Spaß.

Auch ganz flache Gefäße, wie etwa Teller, lassen

137

138

139

140

sich vom Stock drehen. Ob der geringen Größe kann man wieder das Bodensetzen und den ersten Zug kombinieren. Auf unserem Foto (**139**) wird dies mit den Daumen ausgeführt. Zur Formgebung liegt der rechte Zeigefinger unterstützend unter dem Tellerrand, während die Fingerkuppen der linken Hand die Innenfläche bearbeiten. Das Abschneiden geschieht auf dieselbe Art und Weise wie vorher beschrieben.
Zum Abheben fassen Sie das Gefäß, sei es eine offene oder zylindrische Form, zwischen den gespreizten Zeige- und Mittelfingern von unten an (**140**).
Für das nächste Gefäß ziehen Sie zunächst wieder den ganzen Tonkegel in die Höhe, um dann den Kegelkopf zu zentrieren. Die Menge des Tons nimmt entsprechend der Zahl der Gefäße ab, die Form des Kegels bleibt, wenn auch kleiner, immer die gleiche: hoch und schlank.

Zusammengesetzte Formen

141

Der Töpferlehrling wird sich früher oder später an zusammengesetzten Formen versuchen wollen. Und wen würde es nicht reizen, an einem gut gelungenen Töpfchen ein Schnäuzchen und einen Henkel anzubringen und es zur Milchkanne zu erklären? »Garnieren« nennen die Töpfer das Anbringen von Ausgießern, Henkeln und ähnlichen Teilen. Diese sind meist gedreht oder auch, wie im Falle von Henkeln, von Hand hergestellt. Im allgemeinen gilt beim Arbeiten mit Ton die Faustregel, daß nur Teile der gleichen Konsistenz zusammengesetzt werden sollen, zwei frische Teile etwa oder zwei lederharte. Wie Sie in den folgenden Kapiteln sehen werden, kann diese Regel aber des öfteren außer Kraft gesetzt werden, etwa wenn man einen frischen Henkel an einem lederharten Gefäß anbringt oder einer Schale einen hohen Fuß andreht. Natürlich muß man dabei gewisse Vorsichtsmaßnahmen ergreifen, auf die wir noch im einzelnen eingehen werden.

Andrehen von hohen Fußringen

Hohe Fußringe an Pokalen, Fruchtschalen oder Weinbechern kann man nicht mehr durch Abdrehen erreichen. Solche Formen müssen in mehreren Arbeitsgängen gedreht werden. Man fertigt zuerst das Gefäß, läßt es lederhart werden und dreht es dann entsprechend der Innenkurve ab. Dort, wo der Fuß angesetzt werden soll, ritzt man mit der Spitze des Abdrehwerkzeuges einen Kreis in den abgedrehten Boden (**143**).

Mit diesem Kreis als Führung wird ein frisch gedrehter, dickwandiger Tonzylinder aufgesetzt, dessen Masse etwa der gewünschten Größe des Fußes entspricht (**144**). Drücken Sie den Zylinder leicht mit den Fingerspitzen an und arbeiten Sie dann bei laufender Scheibe die ersten Zentimeter über der Ansatzstelle nach unten, wobei der Zylinder gleichzeitig völlig auf dem Gefäß zentriert wird.

Ziehen Sie nun die Wandung hoch und formen

142

143

144

Sie den Fuß nach Ihren Wünschen (**145**). Dabei müssen Sie darauf achten, daß der Rand, auf dem später das Gefäß stehen wird, nicht zu fein ausfällt. Benutzen Sie eine Gumminiere oder flexible Metallscheibe zum nochmaligen Glätten und Kaschieren der Ansatzstelle.

Während des Drehvorgangs sollte möglichst kein Wasser in den Zylinder und damit auf das lederharte Stück laufen. Es bestünde die Gefahr, daß der Gefäßboden aufweicht und bei nochmaligem Trocknen reißt. Lassen Sie das Gefäß so lange auf dem Kopf stehen, bis auch der angedrehte Fuß lederhart geworden ist und das Gewicht aushalten kann. Es empfiehlt sich, die Ansatzstelle ein wenig abzudecken und sie langsam trocknen zu lassen.

Einen Fuß oder Stiel kann man auch in lederhartem Zustand an das lederharte Gefäß anfügen. Man dreht dann den Fuß zur gleichen Zeit wie das Gefäß, indem man bis hinunter zum Schei-

145

146

benkopf aufbricht, in der üblichen Weise die Wandung hochzieht und den Fuß so ausformt, daß er später keiner Korrektur mehr bedarf. Das Gefäß dreht man ab wie vorher beschrieben und ritzt wieder zur Orientierung einen Kreis ein. Die Kontaktstellen von Fuß und Gefäß werden aufgerauht und mit Schlicker betupft, damit die Teile wirklich aneinander haften. Der Fuß muß sehr genau aufgesetzt werden, denn wenn er erst einmal festklebt, ist seine Position nicht mehr zu

verändern. Legen Sie rings um die Ansatzstelle dünne Röllchen frischen Tons (**146**), die Sie bei langsam laufender Scheibe mit dem Finger verstreichen, um den Übergang unsichtbar zu machen (**147**). Lassen Sie auch hier die Verbindung langsam trocknen, indem Sie sie abdecken.

Kannen mit Schnäuzchen

Ausgießer an Kannen werden sofort nach dem Drehen geformt, ja manchmal sogar noch, bevor die Kanne von der Scheibe abgeschnitten ist. Es ist schwierig, eine gut gießende Schnauze herzustellen, und dabei ist nichts ärgerlicher als eine hübsch aussehende, aber kleckernde Kanne. Der beste Trick scheint eine scharfe Kante zu sein, die den Flüssigkeitsstrom abschneidet, sobald die Kanne zurückgenommen wird. Da jedoch eine feine, scharfkantige Lippe oft nicht dem Design Ihrer Kanne entspricht, lohnt es sich, mit dem Modellierholz ein wenig nachzuhelfen, sobald das Schnäuzchen gezogen ist.
Und so wird's gemacht: Halten Sie den Daumen und Zeigefinger der linken Hand von oben an die Außenseite von Gefäßhals und Lippe. Der Abstand zwischen beiden ist je nach Größe des Gefäßes verschieden. Reichen Sie mit dem rechten Zeigefinger zwischen den außen anliegenden in das Gefäß hinein und drücken Sie mit der Fingerkuppe leicht nach außen, während Sie eine Aufwärtsbewegung ausführen. Kurz vor der Lippe angekommen, ziehen Sie das Schnäuzchen zwischen Daumen und Zeigefinger der linken Hand heraus (**149**). Diese Finger haben in jedem Moment den Druck von innen aufzufangen, und während Sie das Schnäuzchen nach außen biegen, schieben Sie den Rand leicht zusammen. Die Bewegung der rechten Hand sollte entschieden und zügig vor sich gehen, ohne abrupte Änderungen. Die Gefäßlippe hat, vorausgesetzt sie ist nicht zu dünn, eine ganze Menge Dehnvermögen. Gut angefeuchtete Finger helfen natürlich dabei.
Manche Töpfer schwören darauf, den Ausgießer schon ganz tief in der Kanne anzusetzen. Dann müssen Daumen und Zeigefinger der linken

148

149

Hand auf der ganzen Höhe der Wandung dem Innendruck widerstehen und arbeiten notwendigerweise umgedreht, mit dem Handrücken nach unten. Außer daß dies manchen Kannenformen einen bestimmten Reiz verleihen kann, sehe ich keinen großen Nutzeffekt in diesem Verfahren. Die Flüssigkeit wird mehr kanalisiert und fließt deshalb schneller, aber ein Tropfen der Kanne wird dadurch nicht verhindert.

Henkel

Viele Gefäße brauchen Henkel, seien sie nun ausgesprochen notwendig, wie etwa bei Kannen und Tassen, oder nur als Zierrat gedacht, um den Entwurf interessanter zu gestalten oder eine strenge Form zu durchbrechen. Henkel kann man auf verschiedene Arten herstellen: als Tonwulst gerollt, mit dem Henkelschneider aus einem kompakten Block geschnitten oder auf verschiedene Weise gezogen. Dies gilt für die Art von Henkeln, an die man sofort denkt, wenn man das Wort Henkel hört. Aber unter den Begriff Henkel fallen noch viel mehr Formen, die

»Ohren« einer Kasserolle zum Beispiel oder der Stiel eines Mokkakännchens.
Auf dem Gebiet des Garnierens sind Ihrer Fantasie wenig Grenzen gesetzt, und Teile gedrehter Schälchen, Tonstreifen und mit den Händen geformte Tonplättchen können Ihren Gefäßen eine originelle Note aufsetzen. In diesem Kapitel wollen wir uns nur auf die »traditionellen« gerollten und gezogenen Henkel beschränken. Sie, wie alle anderen Formen auch, werden dann am Gefäß befestigt, wenn dieses lederhart und bereits abgedreht ist.
Für einen gerollten Henkel drücken Sie ein Tonklümpchen der entsprechenden Größe mit den Fingern in eine längliche Form. Auf einer glatten, sauberen, leicht saugfähigen Unterlage wird der Wulst nun endgültig ausgerollt. Man tut dies zwischen den flachen Händen und der Unterlage, ohne Druck auszuüben (**151**). Die Hände bewegen sich, während sie den Ton rollen, von der Mitte aus zu den Enden hin. Achten Sie darauf, daß keine flachen Stellen entstehen, die dann beim Zusammenrollen Luft mit einschließen könnten. Die Dicke des Wulstes muß natürlich der Größe Ihres Gefäßes angemessen sein. Geben Sie der Tonrolle noch auf dem Tisch, sofort nach dem Rollen ihre Henkelform. Später würde die Außenseite der Rundung brechen (**152**).
Gerollte Henkel werden am oberen Ende mit einem nassen Messer schräg angeschnitten, um die Haftfläche am Gefäß möglichst groß zu gestalten. An denjenigen Stellen am Gefäß, an denen der Henkel angebracht werden soll, ritzen Sie die Oberfläche mit einer Nadel oder einem Messer ein und befeuchten sie gut mit Schlicker. Drücken Sie die Schnittfläche des Henkels auf die so vorbereitete Stelle. Durch leichtes Hin- und Herrutschen wird die Haftung verstärkt. Auch die untere Klebestelle haben Sie ein wenig ange-

151

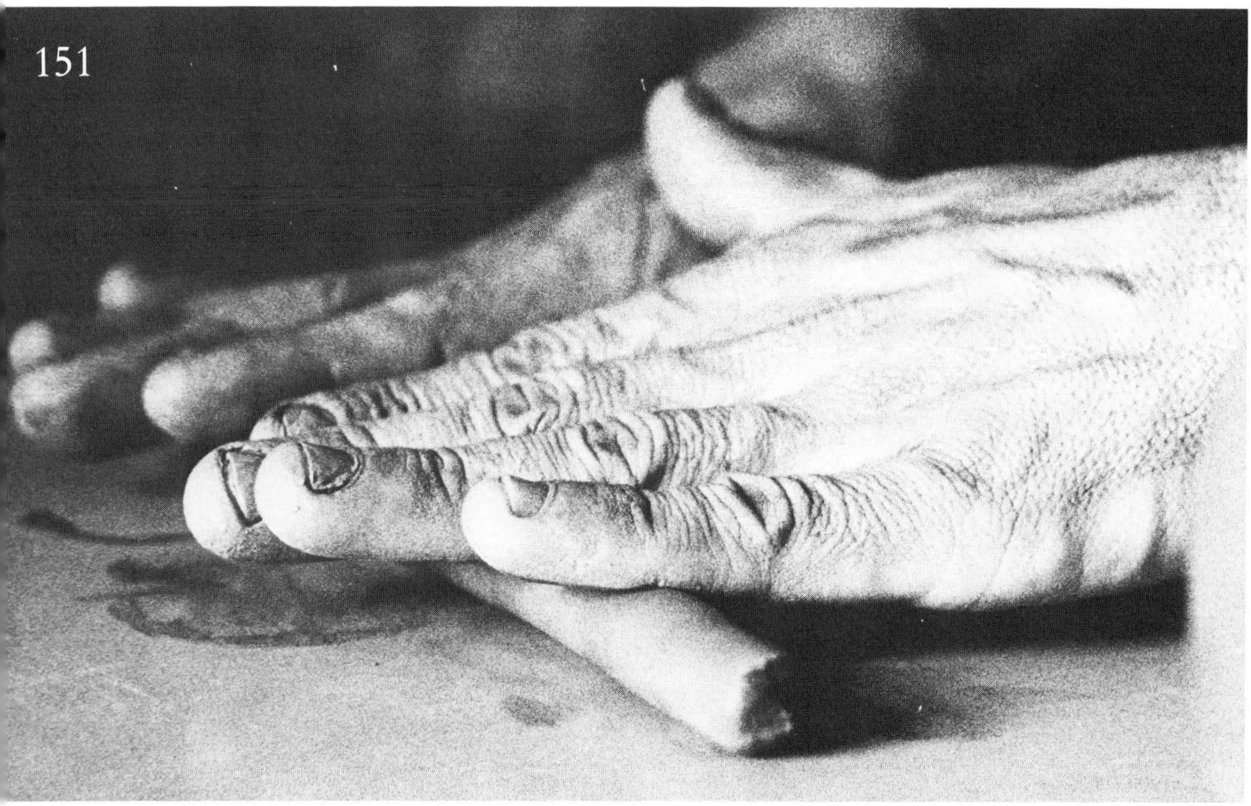

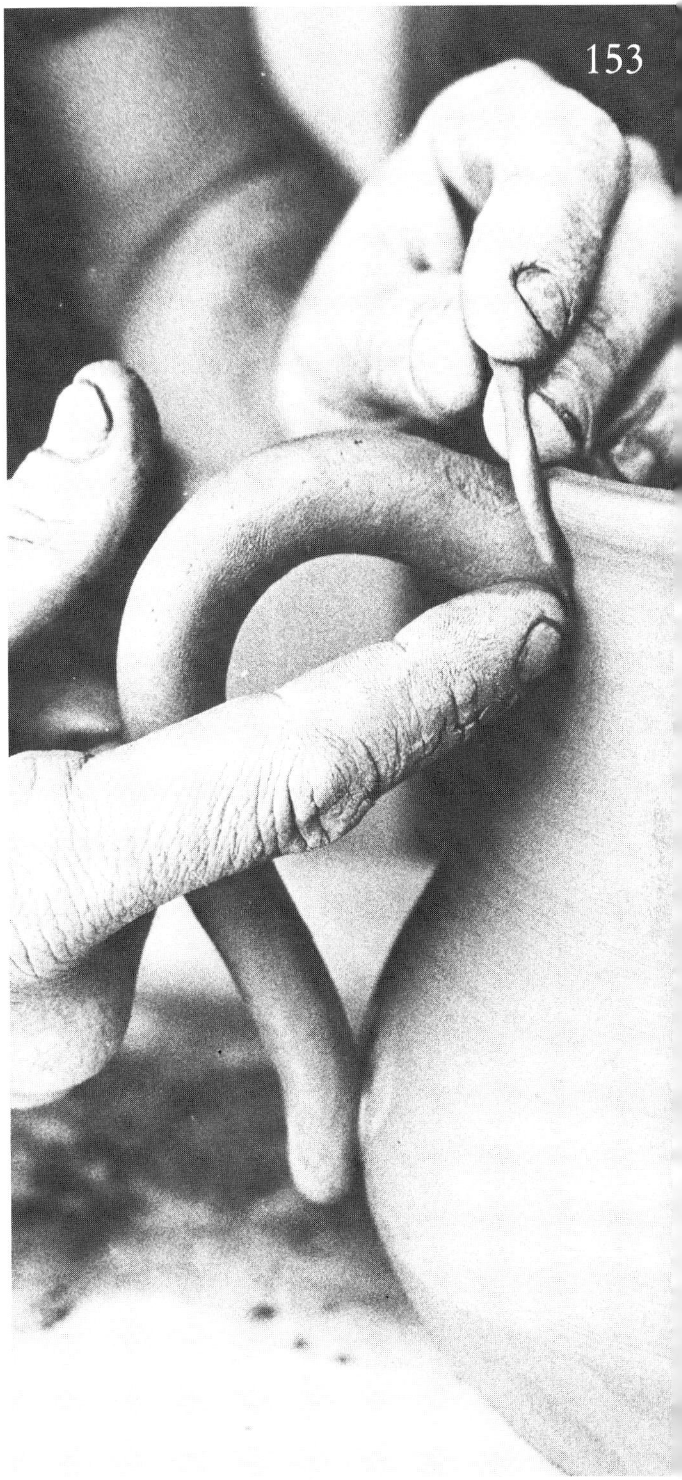

ritzt und angefeuchtet. Drücken Sie das untere Ende mit dem Daumen auf und kneifen Sie dabei gleich überflüssige Länge ab.
Nun sitzt der Henkel zwar schon, er muß aber noch besser befestigt werden, denn er ist bei Gebrauch des Gefäßes beträchtlichen Belastungen ausgesetzt, besonders an der oberen Ansatzstelle. Rollen Sie zwischen den Händen ein ganz feines Tonwürstchen und legen Sie es um die Kontaktstelle (**153**). Mit einem Modellierholz wird es dann gut angedrückt und verstrichen, so daß sich ein harmonischer Übergang zwischen Gefäß und Henkel ergibt.
Gerollte Henkel werden sich an einem gedrehten Gefäß immer irgendwie fremd ausnehmen, denn die Machart ist in keiner Weise dem Drehvorgang verwandt. Deshalb entscheiden sich die meisten Töpfer für eine andere Herstellungsart, das »Henkelziehen«, bei dem ein Tonklumpen durch eine ständige, gleichförmige Bewegung in die richtige Form gezogen wird. Hier geschieht in linearer Richtung mehr oder weniger das, was durch die Umdrehung auf der Töpferscheibe passiert.

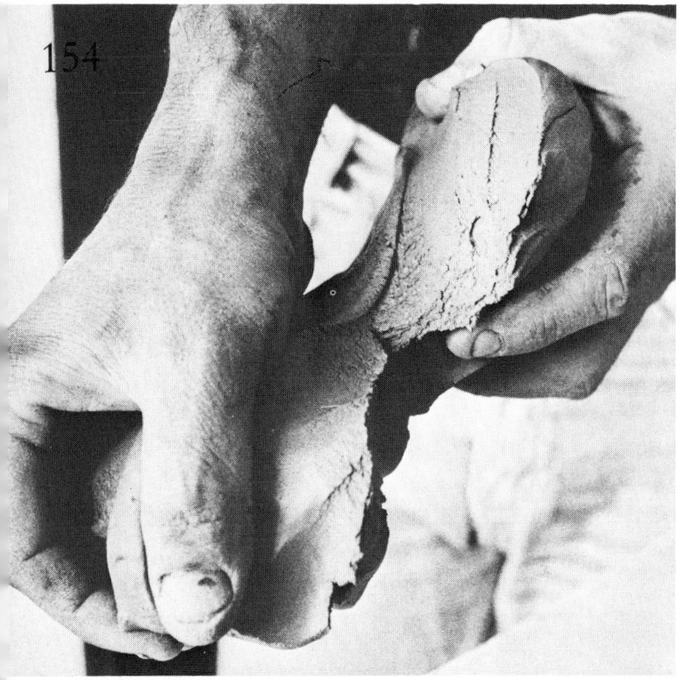

154

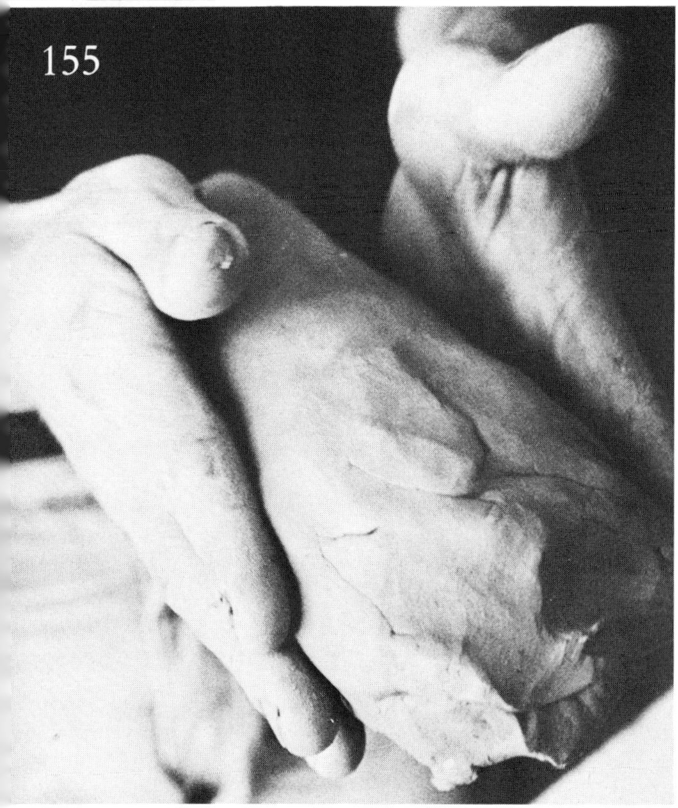

155

Bereiten Sie einen Tonbatzen vor, den Sie von der Größe her noch gut in einer Hand halten können und der auch nicht zu schwer ist, ihn eine Weile ertragen zu können. Der Ton sollte weicher sein als einer, den Sie zum Drehen verwenden würden. Statt den Batzen in der üblichen Weise zu kneten, reißen Sie ihn immer wieder mit einer Drehbewegung auseinander (**154**), um die beiden Teile dann wieder kräftig aufeinanderzuschlagen.

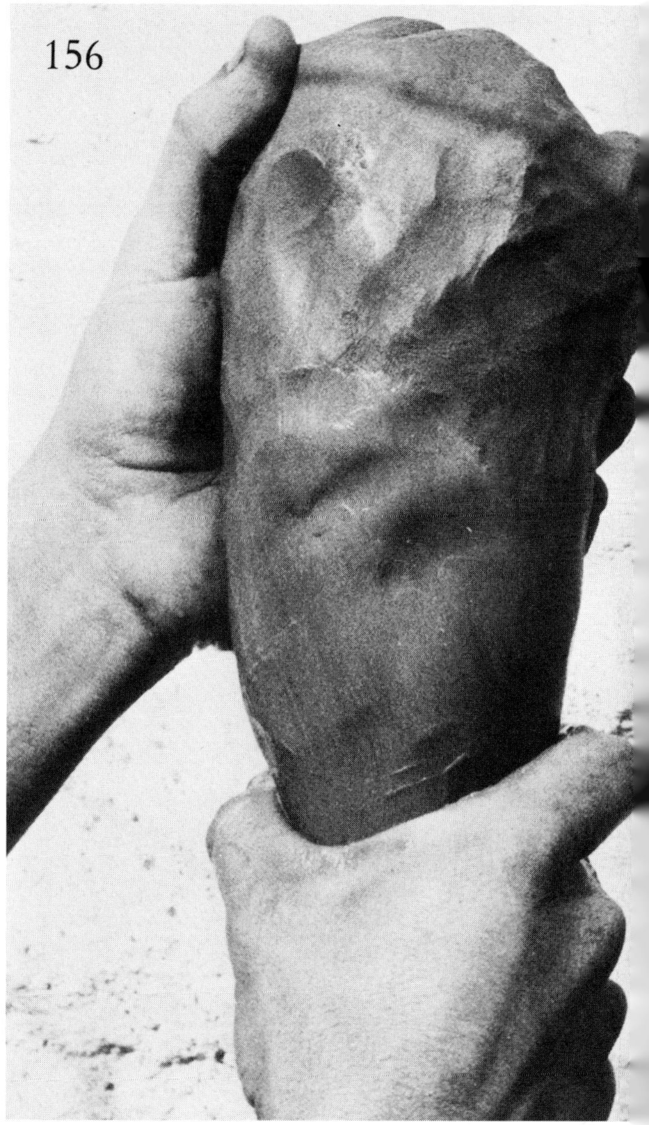

156

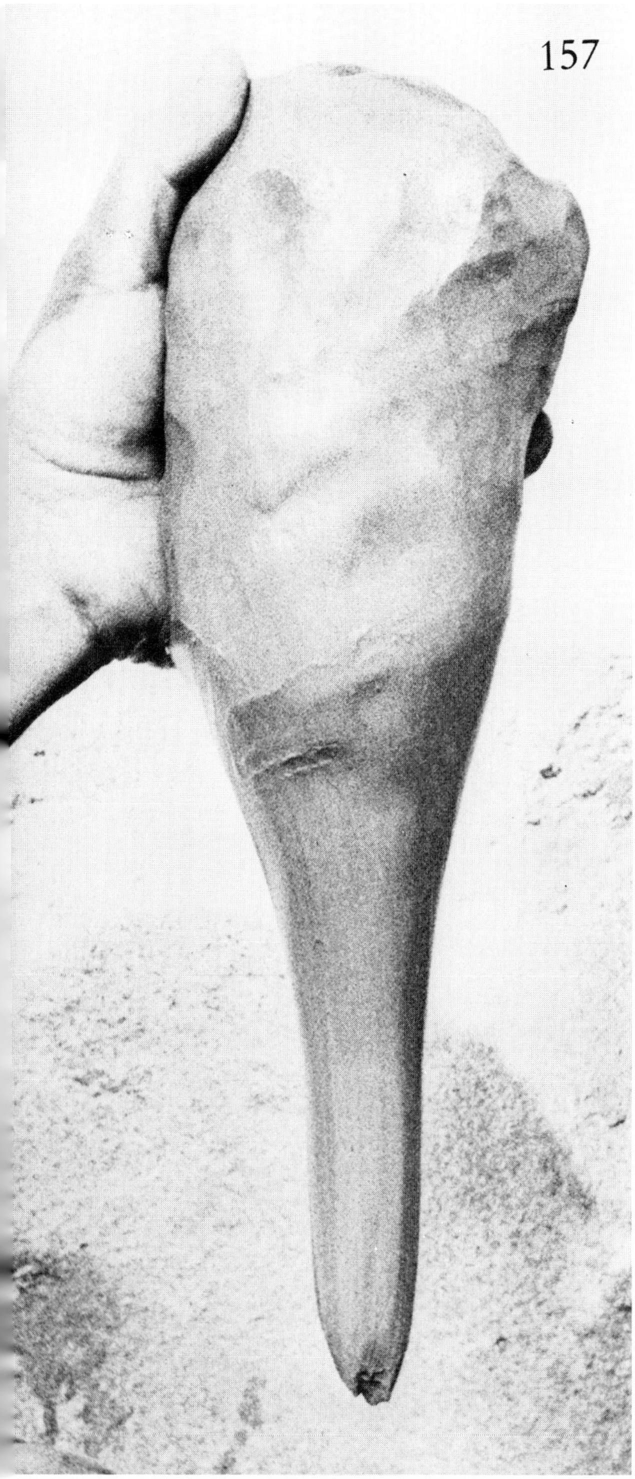

157

Tätscheln Sie den Batzen anschließend zwischen beiden Händen in eine längliche Form, deren eines Ende dicker ist (**155**). Mit der linken Hand halten Sie das dicke Ende der Tonwurzel fest, während im folgenden die rechte Hand den Henkel zieht. Arbeiten Sie neben dem Wasserbecken oder stellen Sie sich eine Schüssel mit Wasser bereit, denn zum Henkelziehen müssen die Hände dauernd naß gemacht werden.
Schließen Sie Daumen und Zeigefinger der rech-

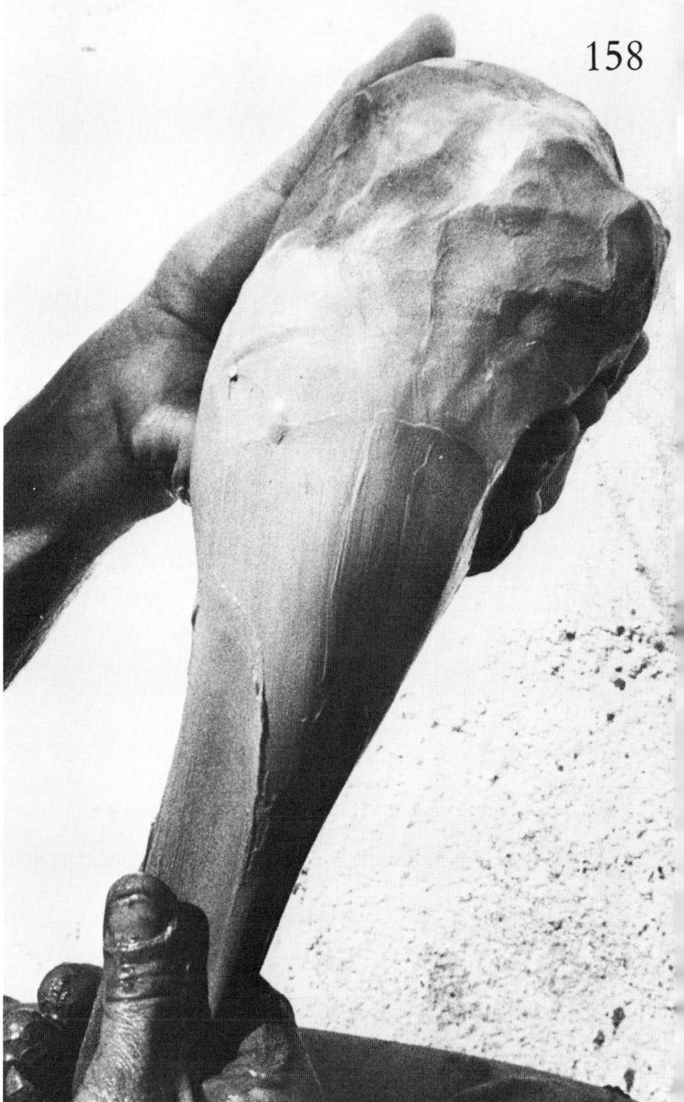

158

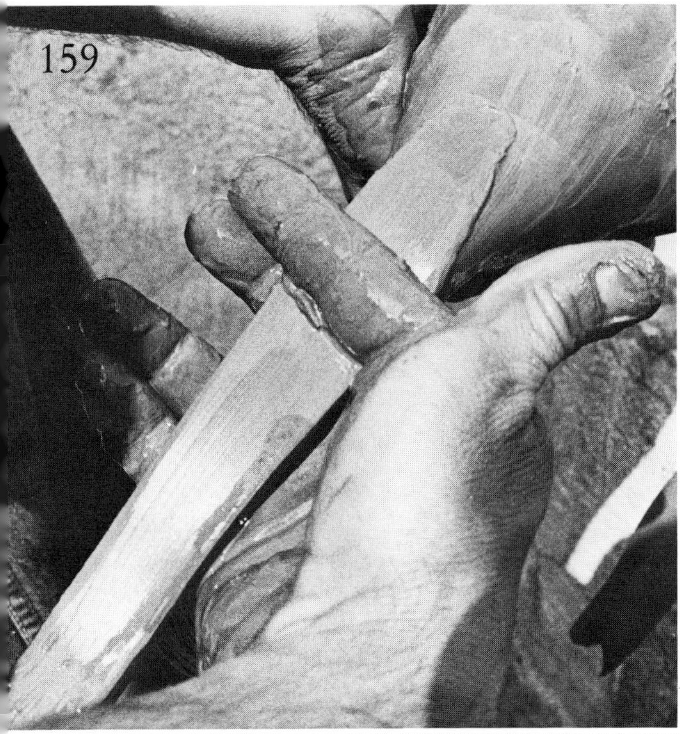

ten Hand wie einen Ring um die Tonwurzel und gleiten Sie so an dieser herab, wobei Sie den Ring weiter verengen, je mehr sich der Tonkegel nach unten verjüngt (**156**). Hören Sie am unteren Ende nicht auf zu ziehen, sondern stellen Sie sich vor, es wäre noch viel mehr Ton vorhanden (**157**). Dies verhindert die Bildung eines Klumpens am Ende der Wurzel.

Arbeiten Sie mit sanften, fließenden Bewegungen und reißen oder drücken Sie nicht, denn sonst dünnt der Tonstrang aus und reißt ab. Verändern Sie bei jedem Zug den Winkel des Handgelenks der linken Hand, so daß die Wurzel gedreht und damit ringsum gleichmäßig rund wird. Wiederholen Sie die Zugbewegung unter ständigem Anfeuchten der Hände so lange, bis die Wurzel die gewünschte Länge und Stärke für den Henkel erreicht hat. Mit den letzten Zügen können Sie den Henkel abflachen, indem Sie die Daumenkuppe über die Vorderseite laufen lassen (**158**).

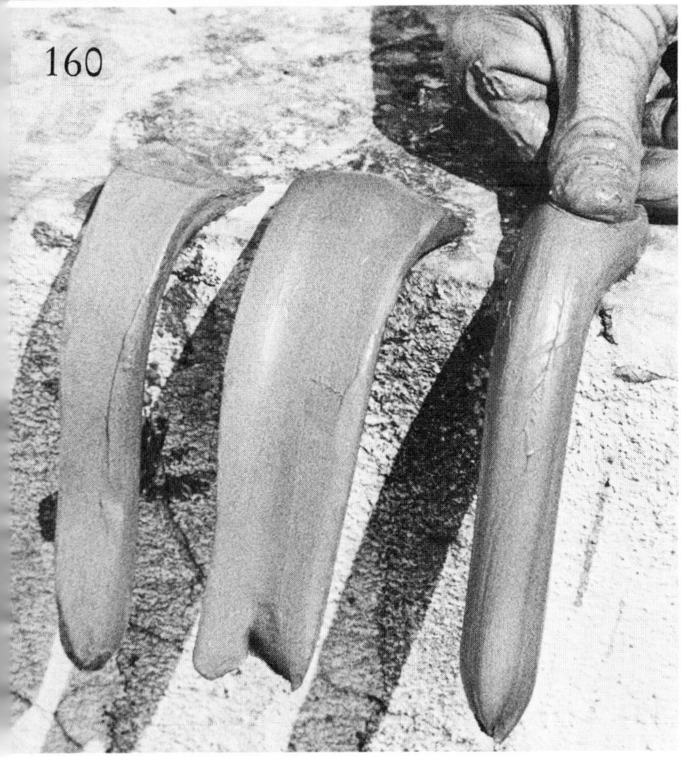

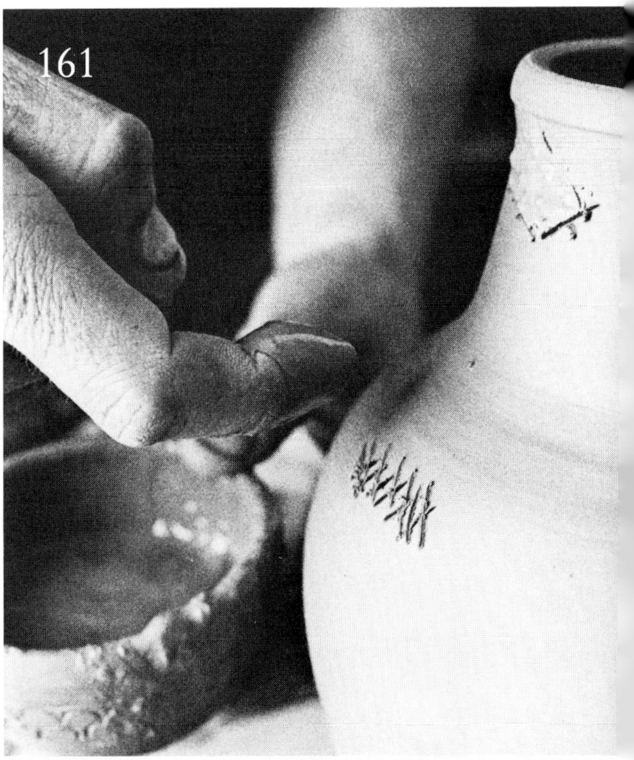

162

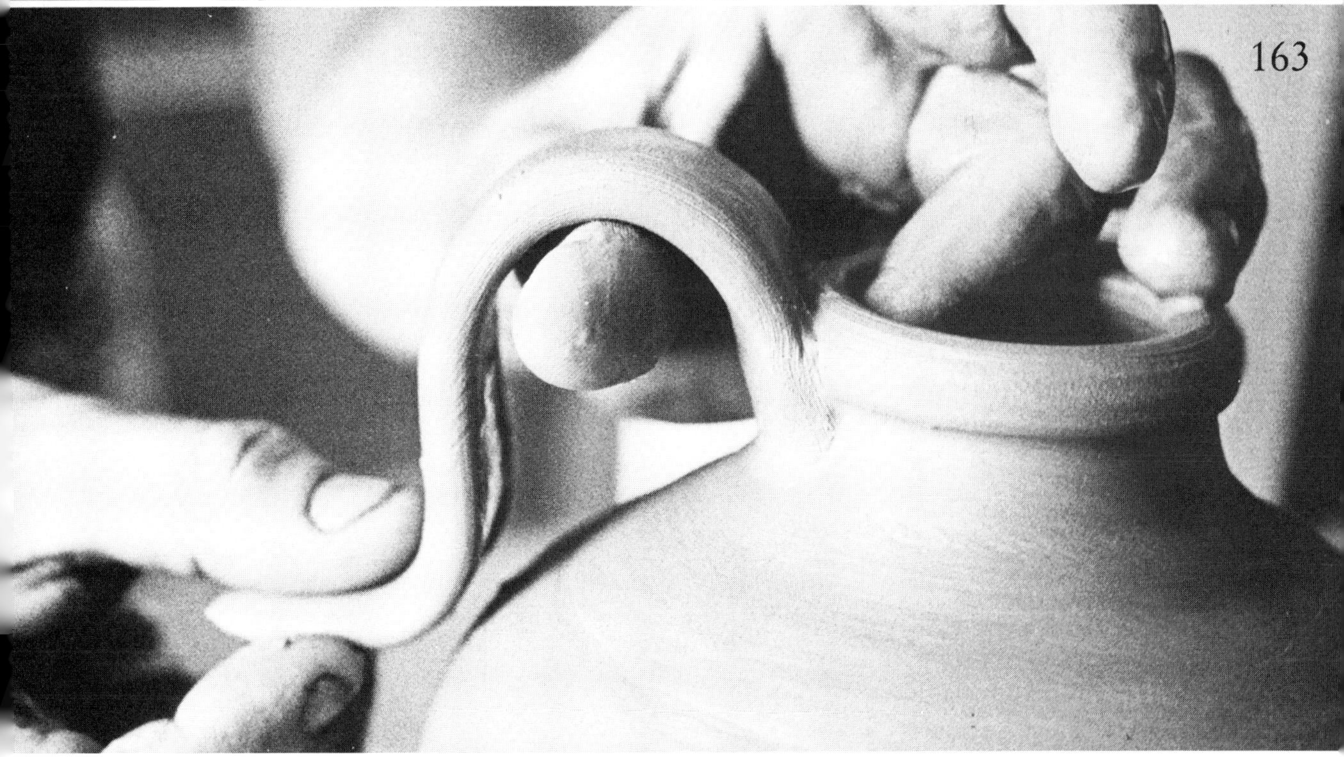

163

164

165

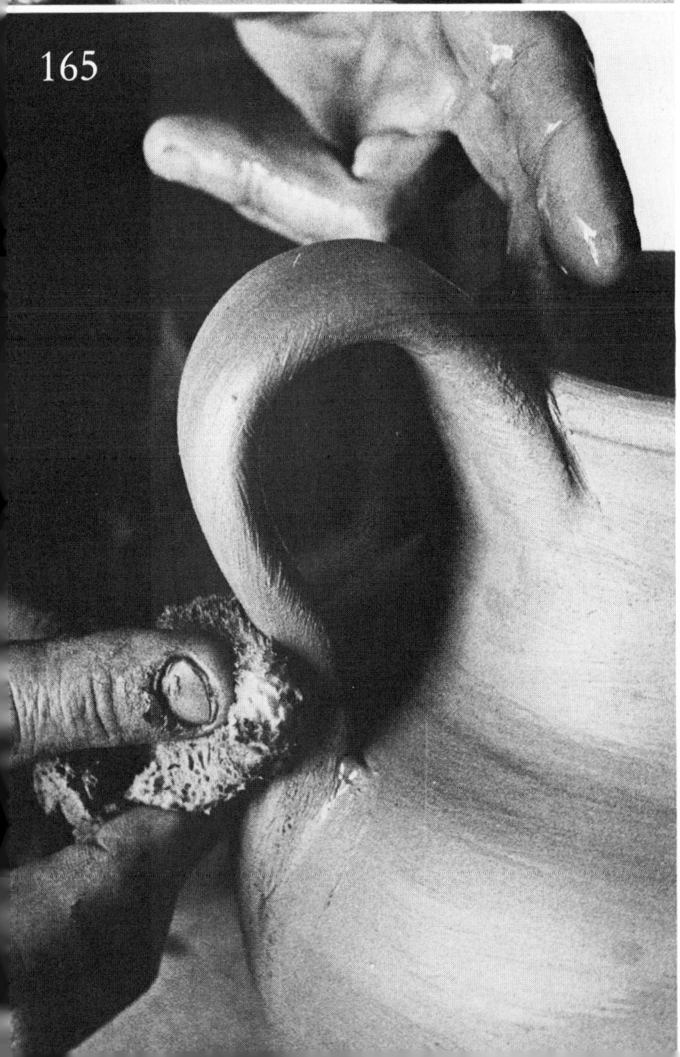

Kneifen Sie dann den Henkel zwischen Zeige- und Mittelfinger in der etwa richtigen Länge ab (**159**). Es ist günstig, den Henkel nicht sofort zu befestigen, sondern ihn zuerst eine kurze Zeit ansteifen zu lassen. Da man meist mehrere Henkel auf einmal ziehen wird, kann man sie an einer Tischkante o. a. anhängen, wodurch sie schon eine leichte Kurvung erhalten (**160**).

Mittlerweile rauhen Sie die Henkelansatzstellen am lederharten, abgedrehten Gefäß auf und betupfen sie mit Schlicker (**161**). Drücken Sie dann das obere, etwas dickere Ende des Henkels an den vorbereiteten Platz und verstreichen Sie die Ansatzstelle gut mit den Fingern (**162**). Wenn möglich erzeugt die andere Hand dabei Gegendruck an der Innenseite des Gefäßes. Legen Sie dann den Henkel im Bogen um die Hand (**163**) und pressen Sie das untere Ende an (**164**). Man kann es so verstreichen wie das obere oder auch den Fingerabdruck zur Verzierung stehen lassen. Glätten Sie die Verbindungsstellen noch mit einem Schwämmchen oder einem Modellierholz nach (**165**).

Manche Henkel tendieren dazu, abzusacken. Dem kann man begegnen, indem man sie mit einem Tonkegel abstützt oder auch, indem man das Gefäß auf den Kopf stellt, wobei der Henkel durch sein Eigengewicht in die richtige Form gezogen wird.

Sicher haben Sie schon Henkel gesehen, die aus der Gefäßform zu wachsen scheinen. Diese sind in einer Variante des Zugverfahrens angebracht und fertiggestellt worden. Beginnen Sie wieder mit der Tonwurzel. Ziehen Sie diese aber nicht zur endgültigen Form aus, sondern kneifen Sie nach drei bis vier Zügen eine für den betreffenden Henkel genügende Tonmenge zwischen Zeige- und Mittelfinger ab. Die Ansatzstellen am Gefäß sind in der üblichen Weise vorbereitet. Greifen Sie das Gefäß nun vorsichtig mit der linken Hand am Rand und zwar dergestalt, daß die Finger (größtenteils die Längsseite des Zeigefingers) die Ansatzstelle unterstützen und der Daumen auf der Außenseite liegt, um das Gefäß in Position zu halten. In dieser Phase ist es günstig, ein Kissen unterzulegen, wenn Sie am Tisch arbeiten, oder das Gefäß sitzend auf dem Schoß zu halten, da

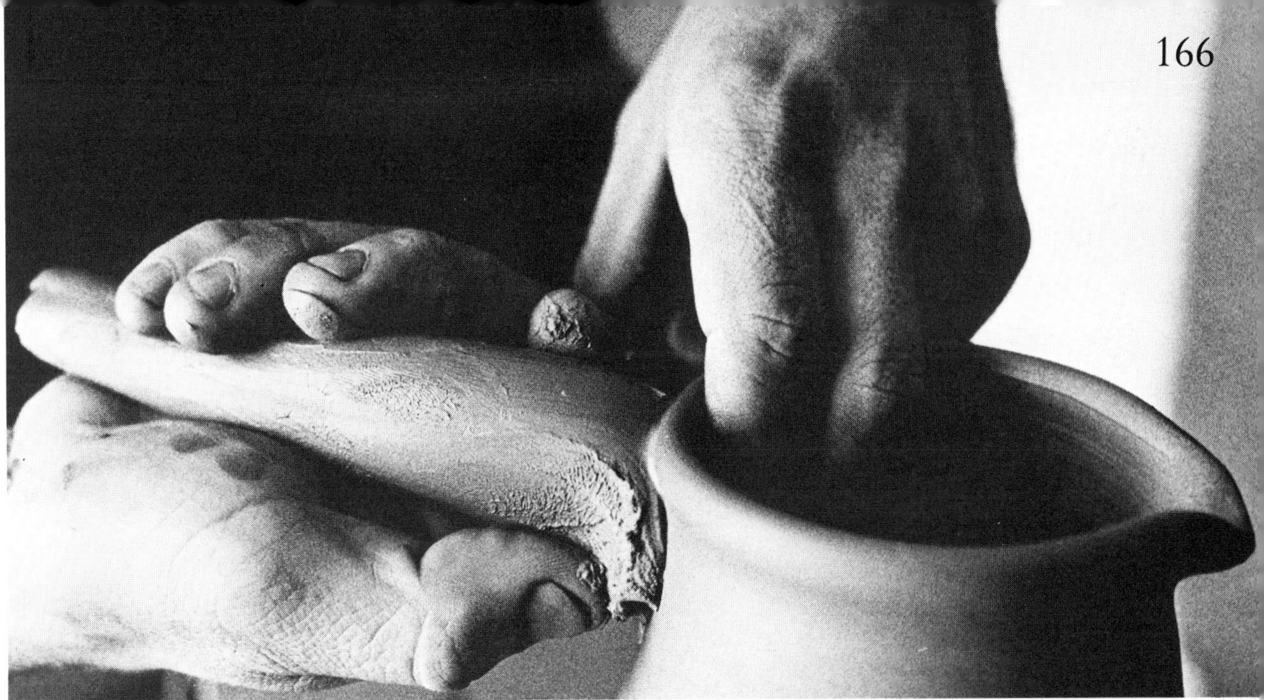

166

das lederharte Stück noch empfindlich gegenüber Verformungen ist.
Mit dem dicken Ende drücken Sie nun den Henkelstumpf auf die angerauhte Stelle (**166**). Kehren Sie die Bewegung des Henkelziehens um, drükken Sie mit dem gekrümmten Zeigefinger, der sich um die Tonwurzel legt, und der Kuppe des Daumens vom freien Ende her gegen die Ansatzstelle. Drehen Sie bei jeder der sanften Stoßbewegungen die Hand ein wenig, so daß ringsum gleichmäßig angedrückt wird (**167**). Achten Sie darauf, daß Sie nicht mit dem Nagel des Daumens arbeiten, sondern mit der ganzen Fingerkuppe. Sitzt die Tonwurzel richtig fest, so glätten Sie die Ansatzstelle noch einmal mit dem Daumen und geben dabei dem Henkelstumpf den richtigen Neigungswinkel nach oben, damit sich später ganz von selbst ein schöner Bogen herausbildet.
Halten Sie jetzt das Gefäß, indem Sie es mit der ganzen linken Hand unterstützen. Sowohl die Gefäßöffnung als auch der Henkelstumpf zeigen dabei auf Sie zu. Wie vorher beschrieben ziehen Sie nun den Henkel in voller Länge aus, in fließenden, gleichmäßigen Bewegungen von der Ansatzstelle bis zum freien Ende und darüber hinaus (**168**). Hat der Henkel die richtige Stärke

167

und Länge erreicht, stellen Sie das Gefäß auf und befestigen das untere Ende. Bei dieser Methode des Henkelziehens ergibt sich schon allein durch die Technik eine harmonische Kurve.
Sollten während des Ziehens dünne Stellen auftreten oder sollte gar der Henkel ganz reißen, dann versuchen Sie nicht irgendein Flickwerk. Schaben Sie den Henkel von der Ansatzstelle und beginnen Sie noch einmal neu.
Am Anfang dieses Kapitels wurde die Faustregel erwähnt, nach der nur Teile gleicher Konsistenz zusammengesetzt werden sollten. Beim »Henkeln« haben wir nun gesehen, daß frischer Ton an lederharten angefügt wurde. Diese Tatsache und die beträchtlichen Spannungen, die durch die Bogenform des Henkels entstehen, können beim Trocknen leicht zu Rissen führen. Wenn der Henkel einmal ein wenig angetrocknet ist, sollten Sie ihn deshalb mit Plastikfolie bedecken, damit er langsam und gleichmäßig trocknen kann.

Deckel

Viele Gefäße des täglichen Gebrauchs benötigen einen Deckel, der in Form und Funktion dem Gefäß angepaßt sein sollte. Schon bei der Herstellung ist diese Einheit in Betracht zu ziehen: Welche Art Deckel ist die Ergänzung zu meinem Gefäß? Muß dieser Deckel auch fest sitzen, wenn

169

das Gefäß gekippt wird? Braucht das Gefäß einen Falz, auf dem der Deckel ruht? Mannigfaltig sind die Überlegungen, die ein Töpferanfänger anstellen muß, damit der Topf zum richtigen Deckel kommt. Planen Sie ihn auf jeden Fall schon bei der Herstellung des Gefäßes ein.
Bis man mit der Zeit und der Praxis den richtigen »Instinkt« entwickelt, empfiehlt es sich, für jedes Gefäß mehrere Deckel herzustellen. Dies nicht nur, weil man vielleicht das Maß nicht so genau hingekriegt hat oder weil einer kaputtgehen könnte, sondern auch, um die verschiedenen Deckelformen in Relation zu Ihren Gefäßen auszuprobieren. In diesem Kapitel wird die Machart der geläufigsten Deckeltypen beschrieben, und wir werden Ihnen zeigen, auf welche Gefäßlippe sie passen.
Auch in bezug auf die Behandlung des Materials ist die Einheit zwischen Deckel und Gefäß enorm wichtig. Verwenden Sie für beide unbedingt denselben Ton und kneten Sie diesen für beide Teile zusammen, damit die gleiche Konsistenz gewährleistet ist. Messen Sie den Lippendurchmesser und drehen Sie den Deckel, oder besser gleich mehrere, sofort nachdem das Gefäß fertiggestellt ist, um etwaige Meßfehler, die auf die Schrumpfung zurückzuführen sind, zu vermeiden. Sind Deckel und Gefäß einmal lederhart geworden, so daß sie nicht mehr aneinander kleben können, setzen Sie sie aufeinander, damit

170

sie zusammen trocknen, und brennen sie später auch gemeinsam.
Einige der im folgenden zu beschreibenden Dekkelarten verlangen eine besondere Form der Gefäßlippe, einen Falz nämlich, auf dem der Deckel aufsitzen kann. Dieser Falz muß praktisch von Anfang an am Gefäß angelegt werden. Lassen Sie schon beim zweiten Zug einen sehr kräftigen Rand stehen. Beim dritten Zug ist die Lippe etwa doppelt so dick wie die restliche Wand und kann zweigeteilt werden. Die Fingerkuppen der linken Hand stützen die Innenwandung etwas unterhalb des Randes ab. Die Fingerkuppen der rechten Hand halten die Lippe von außen in Form, während der linke Daumen die innere Hälfte des Randes vorsichtig nach unten drückt (**170**). Beim Arbeiten des Falzes sollte der Öffnungsdurchmesser des Gefäßes schon in etwa seine richtige Größe besitzen, obwohl es durchaus möglich ist, ihn noch zu erweitern oder zu verengen.

171

172

Das weitere Ausformen des Gefäßes geschieht, ohne den Falz viel zu berühren. Hat das Gefäß die gewünschte Gestalt, so bleibt es Ihnen überlassen, mit welchen Fingern Sie dem Deckelsitz seine endgültige Form geben (**171**). Passen Sie nur bei der ganzen Operation auf, daß weder Falz noch Lippe zu dünn werden. Damit der Falz ganz waagerecht wird und der Winkel zur Lippe akzentuiert, arbeiten Sie zum Schluß noch mit einem Modellierholz oder einem anderen winkligen Werkzeug nach (**172**) und versäubern ein wenig mit einem Schwämmchen oder dem Lederstreifen, um den Kanten ein plastisches Aussehen zu geben.
Deckel kann man auf zwei Arten drehen: aufrecht und umgekehrt. Beim aufrechten Drehen formt man den Deckel so aus, wie er später auf dem Gefäß zu sitzen kommt, beim umgekehrten Drehen gestaltet man den Deckel in der Weise, daß das, was beim Drehen Rand ist, später auf den Falz paßt. Aufrecht gedrehte Deckel haben den Vorteil, daß sie die gleiche Oberflächenstruktur aufweisen wie das gedrehte Gefäß und daß sie nicht oder nur wenig versäubert werden müssen. Umgekehrt gedrehte Deckel dagegen kann man genauer messen, denn ein oberer Rand ist immer leichter im Durchmesser zu verändern als ein unterer. Da man bei dieser Herstellungsweise aber den Deckelknopf nicht im gleichen Arbeitsgang ausformen kann, muß der lederhart gewordene Deckel abgedreht und mit einem Knopf versehen werden. Das umgekehrte Drehen verursacht also mehr Arbeit und schafft eine andersartige Oberfläche, ist aber unter Umständen präziser, und manche Deckelarten sind gar nicht anders zu drehen.
Um das Innenmaß der Gefäßlippe oder des Falzes abzunehmen und in das Außenmaß des Dekkels zu verwandeln, bedient man sich eines Tastzirkels, der ein ganz genaues Messen zuläßt. Für das Innenmaß überkreuzt man die gebogenen Arme des Zirkels (**173**), markiert dann die gemessene Distanz auf einem Papier oder einer anderen Oberfläche und stellt den Zirkel anschließend wieder auf dieselbe Entfernung ein, aber so, daß sich die Spitzen gegenüberstehen (s. Bild 181). Dieser Abstand stellt dann das Außen-

173

maß des Deckels dar. In Ermangelung eines Tastzirkels kann man auch mit einem Stäbchen messen, aber eine solche Messung wird immer zu wünschen übriglassen.
Kleine Deckel bis etwa fünfzehn Zentimeter Durchmesser dreht man meistens vom Stock, was den Vorteil bietet, daß man den Deckel ohne Probleme abnehmen kann. Diese Technik werden wir im folgenden aufzeigen. Für größere Deckel, die direkt auf der Scheibe gearbeitet werden, oder ganz große, die man auf einer Unterlegscheibe drehen sollte, gelten die gleichen Herstellungsprinzipien.

Aufrecht gedrehte Deckel

✲ *Flache Deckel* (**174**):

Diese brauchen auf alle Fälle einen Falz am

174

Gefäß, auf dem sie aufsitzen können. Zentrieren Sie die für den Deckel notwendige Tonmenge und brechen Sie außerzentrisch auf, das heißt, anstatt mit den Fingern oder dem Daumen den ruhenden Punkt im Zentrum zu suchen, drücken Sie ein wenig außerhalb der Mitte nach unten und lassen so einen Knauf im Zentrum stehen (**175**). Während Daumen oder Finger der rechten Hand den Ton so aufbrechen, hält die linke den Kegelkopf zentriert. Der linke Daumen ruht dabei oben auf dem Knopf, ein Finger grenzt die benötigte Tonmenge nach unten ab und schafft so gleichzeitig den Platz, den die Fingerkuppen später benötigen, den Deckel auszuformen.
Gestalten Sie nun den Deckelknopf, damit Sie später nicht mit dem Rand in Kollision kommen. Bei den meisten kleineren Deckeln können Sie ihn massiv lassen und die Fingerkuppen von außen ansetzen, um den Ton in die Form zu zwingen, die Sie haben wollen (**176**). Ist der

75

176

177

178

Durchmesser des Deckels aber viel größer und damit die Stärke des Knopfes beträchtlich, sollte man den Knopf aufbrechen und ihn hohl gestalten, damit die Wandungsdicke nicht allzusehr variiert.
Anschließend wird der Deckelflügel ausgebildet, der bei einem flachen Deckel möglichst gerade ausfallen sollte. Unterstützen Sie den überstehenden Flügel mit den Fingerkuppen der rechten vorsichtig mit dem Finger oder einer Metallniere glätten. Ein solcher Deckel braucht nicht abgedreht zu werden.
Wenn Sie für einen größeren Deckel den Ton flach auf dem Scheibenkopf ausgebreitet haben, bringen Sie mit einem Werkzeug einen leichten Unterschnitt an, sobald der richtige Durchmesser erreicht ist. Nach dem Abschneiden hilft die Metallniere beim Abheben von der Scheibe.

179

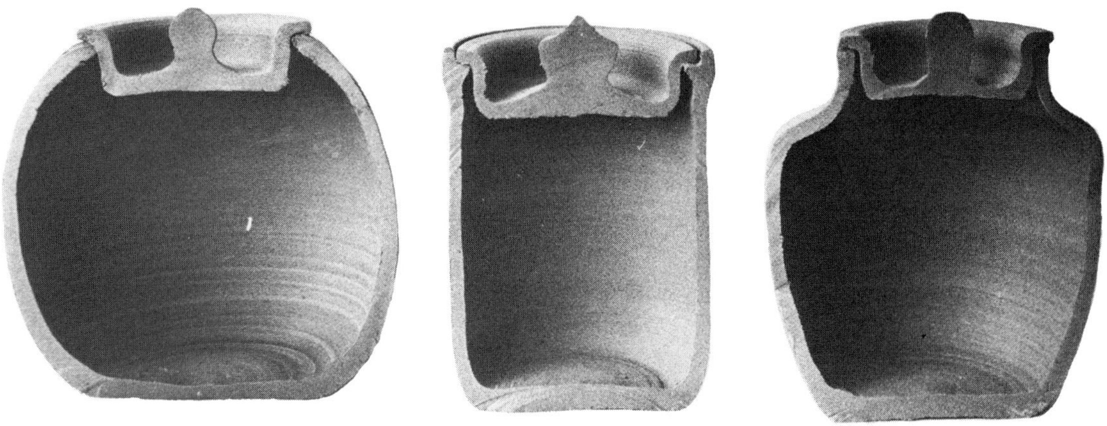

Hand, während die Spitzen der linken die Oberfläche ausziehen und gestalten (**177**).
Hat der Deckel den richtigen Durchmesser, versäubern Sie ihn noch mit einem Schwämmchen und kerben mit einem spitzen Werkzeug die Tonsäule dicht unter dem fertigen Deckel ein. Eine solche Rille erleichtert ein gerades Abschneiden mit der Schnur (**178**).
Nehmen Sie den Deckel mit den gespreizten Zeige- und Mittelfingern ab und setzen Sie ihn auf eine saubere Unterlage. Wenn er noch nicht ganz lederhart geworden ist, können Sie Unebenheiten, die vom Abschneiden herrühren,

✲ *Deckel mit umgeschlagenem Kragen* (**179**): Dies ist eine der gefälligsten und vielseitigsten Deckelformen. Wie Sie sehen, kann man sie sowohl für eine gerade Gefäßlippe als auch für eine mit Schulter oder Falz verwenden. Der Nachteil dieser Deckelform liegt darin, daß man bei einem Falz und bei gerader Lippe zwei Maße abnehmen muß, aber er ist leicht zu drehen, was den Nachteil mehr als aufwiegt.
Zentrieren Sie die Kegelspitze im Durchmesser etwa genauso wie die beabsichtigte Unterkante des Deckels und brechen Sie außerzentrisch auf. Ziehen Sie den äußeren Tonring weiter nach

außen, so als würden Sie einen Boden setzen, und formen Sie anschließend den Knopf aus, da Sie später nicht mehr so gut an diesen herankommen.
Ziehen Sie nun die Wandung hoch, die sehr gerade ausfallen sollte (**180**), und nehmen Sie das Außenmaß, das dem Innenmaß Ihres Gefäßes entsprechen muß (**181**). Kleine Änderungen des Durchmessers sind in diesem Stadium noch möglich, zu einem späteren Zeitpunkt nicht mehr. Falls Sie sehen, daß der Deckel zu tief wird, können Sie nun noch den oberen Rand mit der Nadel entsprechend beschneiden. Kalkulieren Sie dabei ein, wieviel Sie für den umgebörtelten Rand benötigen.
Mit der Kuppe des linken Zeigefingers drücken Sie nun langsam den Rand über die Seite des rechten Zeigefingers nach außen (**182**). Entsprechend dem Innenmaß des Falzes oder dem Außenmaß einer senkrechten Gefäßlippe bemessen Sie den umgeschlagenen Kragen und vergrößern ihn bei Bedarf durch Ausdünnen.

Ritzen Sie wieder eine Abschneiderille in die Tonsäule ein, wobei Sie darauf achten müssen, daß Sie genügend Boden stehenlassen. Wenn Sie direkt auf der Scheibe arbeiten, versäubern Sie den Fuß und bringen einen leichten Unterschnitt an, sobald die Wandung senkrecht hochgezogen ist.

✲ *Trichterdeckel* (**183**):
Dieser ist dem Deckel mit umgeschlagenem Kragen ganz ähnlich. Anstelle einer geraden Wandung mit Umschlag hat er jedoch eine Schräge, die sich dem trichterförmigen Hals eines Gefäßes anpaßt. Hier kann man nur ein Maß nehmen, nämlich das Außenmaß des oberen Randes, das dem Innenmaß des Gefäßrandes entspricht. Für den Neigungswinkel der Wandung braucht man viel Augenmaß, denn anders kann man ihn dem Gefäß nicht anpassen. Bei dieser Art von Deckel ist es ganz besonders wichtig, daß Sie mehrere drehen, denn schon ganz geringe Unterschiede machen sich beim Sitz bemerkbar. Die Oberkante des Deckels muß genau mit der des Gefäßes übereinstimmen. Wenn er im Gefäßhals verschwindet, sieht das genauso schlimm aus, wie wenn er übersteht. Die Herstellungsweise ist die gleiche wie bei den Deckeln mit umgeschlagenem Kragen.

183

✲ *Deckel mit tiefem Sitz* (**184**):
Dies ist der klassische Teekannendeckel. Er reicht in das Gefäß hinein und kann so, wenn dieses gekippt wird, nicht herausfallen. Je besser der Deckel sitzt, desto flacher darf der Sockel sein, um diese Funktion zu erfüllen. Dieser Deckel paßt wieder auf einen geraden Hals, eine Schulter oder einen Falz. Beim Falz müssen dann allerdings auch wieder zwei Maße genommen werden: das Innenmaß der Höhlung, die dem Außenmaß des Sockels entspricht, und das Innenmaß des Falzes, in dem der Deckelflügel seinen Platz findet.
Diesen Deckel kann man sowohl aufrecht drehen als auch umgekehrt. Beide Verfahrensweisen habei ihre Vor- und Nachteile, auf die wir hier kurz eingehen wollen:
Um den Deckel aufrecht zu drehen, brechen Sie die entsprechende Menge Ton zentrisch, also normal auf, ohne daß Sie in der Mitte einen Knopf aussparen. Wenn Sie direkt auf dem Scheibenkopf drehen, brauchen Sie keinen Boden stehenzulassen. Drängen Sie den Tonring nach außen, bis etwa der Durchmesser des Sokkels erreicht ist, und ziehen Sie dann die Wandung hoch, wobei Sie in Höhe des späteren Flügels absetzen, um eine Rippe drehen zu können. Oberhalb dieser Rippe lassen Sie die Wandung ziemlich stark, um das anschließende Einziehen zu erleichtern. Erweitern oder verengen Sie nun den Sockel genau dem Maß entsprechend, indem Sie von außen mit dem Finger oder dem Rohr drücken oder, im gegenteiligen Fall, von innen heraus mit der Fingerkuppe leicht schieben (**185/186**). Drehen Sie den Deckelflügel, indem sie die dick belassene Stelle von innen mit den Fingerkuppen der linken Hand abstützen und außen zwischen Daumen und Mittelfinger die Rippe formen, wobci die Spitze des Zeigefingers den Rand kontrolliert. Falls not-

184

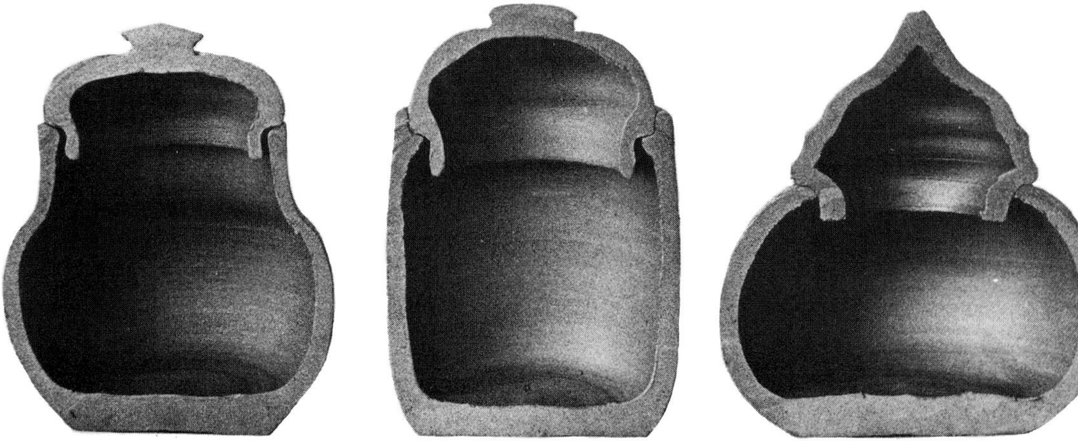

185

186

Rille an der gewünschten Stelle ein (**187**), um mit dem Faden durchzuschneiden. Hier besteht die große Gefahr, daß sich der Sockel verbiegt, weil kein Boden vorhanden ist, der einen Widerstand bieten könnte. Außerdem wird die Schnittfläche nie ganz glatt werden, so daß man im lederharten Zustand mit der Hand nachverputzen muß. Probieren Sie es aus, vielleicht entschließen Sie sich, den Deckel lieber umgekehrt zu drehen.

Umgekehrt gedrehte Deckel

Wie schon erwähnt, werden diese Deckel mit der späteren Unterseite nach oben gedreht. Da man bei diesem Verfahren an die spätere Oberseite nicht herankommt, wird sie anschließend abgedreht und mit einem Knopf versehen. Der oben beschriebene Deckel mit tiefem Sitz würde auf diese Weise folgendermaßen gearbeitet:
Zentrieren Sie den Kegelkopf, brechen Sie ihn

wendig, passen Sie auch diesen Durchmesser dem genauen Maß an. Den Winkel am Übergang von Sockel zu Flügel kann man noch mit dem Modellierholz akzentuieren.
Nun beginnt das Einziehen, durch das die eigentliche Deckeloberfläche gestaltet wird. Es folgt den gleichen Prinzipien, die schon in dem entsprechenden Kapitel beschrieben wurden (s. Bild 61–66). Der Knopf kann noch hohl geformt werden, oder man schließt die Deckelkappe und dreht aus dem verbleibenden Rest Ton einen massiven Knopf.
Auf diese Art und Weise kann man recht originelle Deckel herstellen, wulstige, sich nach oben verjüngende Gebilde, die an Schneckenhäuser erinnern oder an Pagodentürmchen und die gut auf kugelige Gefäße passen.
Die Nachteile dieser Herstellungsweise sind offensichtlich. So genau man auch gemessen haben mag, der tiefe Sockel wird wohl nur annähernd den gewünschten Durchmesser erreichen. Das Hauptproblem entsteht beim Abschneiden. Man tut dies am Stock mit der Nadel oder man drückt mit einem schmalen Werkzeug vorsichtig eine

189

zentrisch auf und setzen Sie einen gekrümmten Boden, je nachdem, wie flach oder gewölbt der Deckel werden soll. Formen Sie ein Schälchen, die Kurvung des Bodens fortsetzend, und lassen Sie den oberen Rand breit und etwa doppelt so dick wie die Wandung. Während die Fingerkuppen der linken Hand von innen gegenhalten, drückt der rechte Daumen einen Teil des dicken Randes nach unten, abgestützt vom Zeigefinger (**188**). Den restlichen Rand ziehen Sie dem Durchmesser der Gefäßöffnung entsprechend weiter hoch. Es ist dies der Sockel, der später in das Gefäß hineinreicht. Passen Sie nun die gedrehte Rippe dem Falzmaß an, soweit notwendig, indem Sie sie mit dem Zeigefinger leicht stauchen oder zwischen den Fingerspitzen weiter ausdehnen. Mit einem Modellierholz kann man nun noch den Winkel zwischen Sockel und Rippe akzentuieren. Die Kanten rundet man mit einem Schwämmchen.

Haben Sie auf dem Scheibenkopf gearbeitet, schneiden Sie in gewohnter Weise ab. Vom Stock drücken Sie unterhalb des »Bodens« mit einer Fingerspitze in den Ton und zwar in Richtung Zentrum und nach unten, bis nur noch ein dünnes Tonstielchen übrigbleibt, das schließlich abreißt (**189**).

Es bleibt Ihnen überlassen, ob Sie so viel Ton stehenlassen, daß Sie daraus einen Knopf abdrehen können, wie weiter unten gezeigt, oder ob Sie die äußere Deckelwölbung ganz abdrehen und dann mit frischem Ton einen Knopf aufsetzen.

Bei beiden Möglichkeiten braucht der Deckel mit tiefem Sitz eine Stütze beim Abdrehen, da er nicht so ohne weiteres gleich auf dem Scheiben-

190

191

kopf zu befestigen ist. Sie können ihn auf dem entsprechenden Gefäß abdrehen, das dann wie eine Abdrehhilfe funktioniert, oder Sie benutzen gleich ein Donsel, das in der Größe dem Deckel entspricht.
Wenn Sie den Knopf aus dem lederharten, stehengelassenen Ton abdrehen, so achten Sie darauf, daß dem Abdreheisen keine größeren Ungleichmäßigkeiten im Wege stehen. Entfernen Sie diese mit einem scharfen Messer, bevor Sie das Abdrehwerkzeug ansetzen. Nach dem Schnitzen des Knopfes (**190**) glätten Sie diesen entweder mit einem feuchten Schwämmchen oder der Fingerkuppe, was einen polierten Effekt hervorruft.

Bevorzugen Sie es, einen Knopf aus frischem Ton anzudrehen, so drehen Sie den Deckel entsprechend seiner Innenwölbung ab. Dort, wo Sie den Knopf aufsetzen wollen, ritzen Sie die Oberfläche mit dem Abdreheisen kreisförmig ein, während die Scheibe läuft, und befeuchten Sie anschließend die aufgerauhte Fläche mit Schlikker. Legen Sie ein vorbereitetes Tonklümpchen auf, kleben Sie es durch leichtes Hin- und Herdrehen an und drücken Sie die Ränder ringsherum herunter (**191**). Wenn man die eingedrehten Kreise als Führung benutzt hat, ist es schon halbwegs zentriert. Man zentriert es mit nassen Fingern völlig (**192**) und gibt ihm die gewünschte Form.

192

193

194

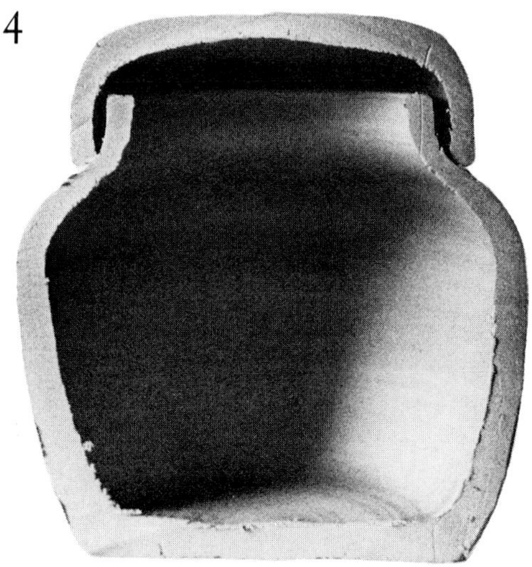

Haben Sie einen hohlen Knopf für Ihren Deckel vorgesehen, so können Sie das Tonklümpchen auch aufbrechen und entsprechend gestalten. Meist wird man dies bei größeren Deckeln tun und kann dann auch die im Kapitel »Andrehen hoher Fußringe« beschriebene Verfahrensweise benutzen (s. Bild 144/145). Dabei setzt man einen dick gedrehten Tonring auf die abgedrehte und eingeritzte Oberfläche und formt von diesem ausgehend den Deckelknopf.

⁕ *Glockendeckel* (**193**):
Dieser ist dem flachen Deckel verwandt, da er einen Falz am Gefäß braucht, auf dem er aufsitzt. Durch seine stark gewölbte Form ist er aber nicht aufrecht zu drehen. Er wird wie ein Schälchen gearbeitet, sein Randdurchmesser entspricht dem Innenmaß des Falzes. Das Abdrehen und Anbringen des Deckelknopfes geschieht auf die gleiche Weise wie im vorherigen Abschnitt beschrieben.

⁕ *Orientalischer Deckel* (**194**):
Er ist der einfachste unter den Deckeln und wird häufig von chinesischen und japanischen Töpfern verwendet. Er ist der einzige, der nicht auf einem Falz oder dem Gefäßhals sitzt, sondern über diesen gestülpt wird und auf einer Schulter aufliegt. Sie haben ihn sicher schon auf Teedosen aus Porzellan gesehen, wo er manchmal einen fest schließenden Korken verdeckt und gleichzeitig als Maßbecher für den Tee dient. Auch er wird wie ein Schälchen gedreht, aber eines, dessen Boden nur schwach gewölbt ist und dessen Wände gerade hochgezogen sind. Normalerweise erhält er keinen Knopf, da er leicht zu fassen ist. Er wird deshalb nur sauber abgedreht.

Ausgießer für Tee- und Kaffeekannen

Ausgießer für Kannen wird man ob ihrer geringen Größe auch vom Stock drehen. Arbeiten Sie einen Zylinder mit gleichmäßig dünner Wandung, den Sie von vornherein so schlank wie möglich machen sollten. Der untere Teil bleibt ziemlich weit, und nach oben hin verjüngt sich die Form. Verengen Sie den Zylinder wie im entsprechenden Kapitel beschrieben (s. Bild 61–64) und ziehen Sie die Wandung nach jedem Verengungszug weiter hoch, solange Sie noch mit einem Finger in den Zylinder hineinreichen können. Ist dies nicht mehr der Fall, so geben Sie dem Ausgießer von außen mit den Fingerkuppen Form (**195**). Schneiden Sie ihn mit der Nadel oder dem Faden ab und lassen Sie ihn antrocknen, aber nicht ganz lederhart werden, bevor Sie ihn an der Kanne anbringen. Genauso wie man für ein Gefäß mehrere Deckel anfertigt, sollte man auch verschiedene Ausgießer arbeiten, um anschließend zu entscheiden, welcher am besten der Kannenform entspricht.

Ist der Ausgießer etwas fest geworden, so hält man ihn an die lederharte, abgedrehte Kanne, um Ansatzpunkt und Wirkung zu prüfen (**196**). Meist muß der untere Teil des Ausgießers schräg angeschnitten werden, damit er sich dem Gefäß gut anpaßt.

Markieren Sie anschließend an der Kanne, wo die Tülle aufsitzen soll, indem Sie einige Punkte um die Ansatzstelle leicht anritzen. Denken Sie dabei daran, daß der Rand des Ausgießers auf derselben Höhe liegen sollte wie die Kannenöffnung, weil bei Gebrauch sonst schon Flüssigkeit aus der Tülle tritt, bevor die Kanne ganz voll ist.

Bei Teekannen versehen Sie den Teil innerhalb der Markierung mit Löchern, die die Teeblätter

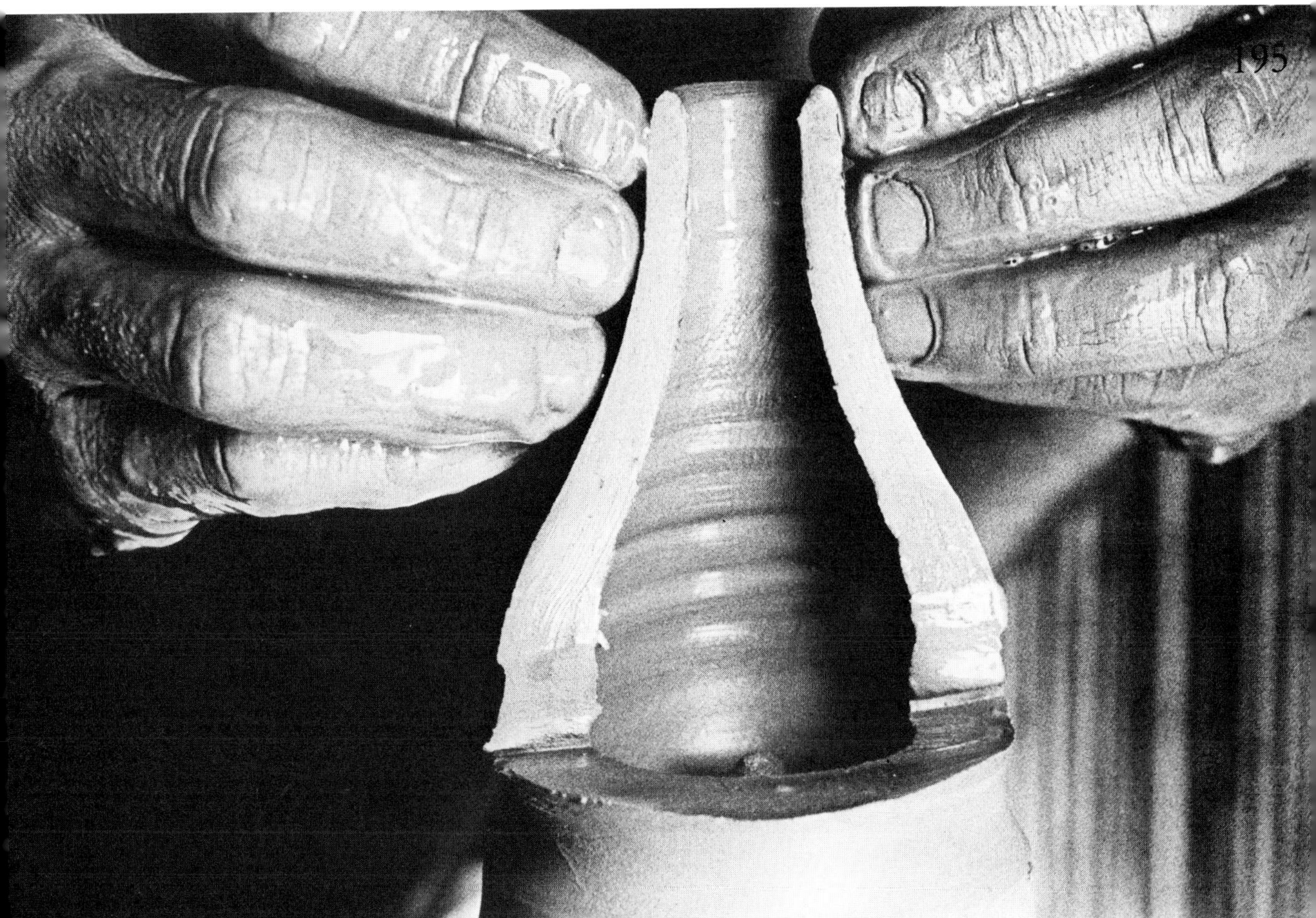

195

196

197

zurückhalten sollen. Machen Sie diese aber nicht zu klein, damit sie beim Glasurbrand nicht verstopfen. Bei Kaffeekannen schneiden Sie ein Loch in die Wandung, das kleiner sein muß als die Markierung, ist doch die Wandungsstärke des Ausgießers in Betracht zu ziehen. Die Schnittkante versäubert man mit einem feuchten Finger, bevor man die Tülle ansetzt.

Rauhen Sie die Gefäßwandung rings um die Öffnung auf, betupfen Sie sie mit Schlicker und verfahren Sie genauso mit dem Rand des Ausgießers (**197**). Drücken Sie nun die Tülle an die Kanne. Wenn Sie mit der Hand in das Gefäß hineinreichen können, ist es gut, von innen einen Gegendruck auszuüben. Wenn nicht, müssen sie entsprechend vorsichtiger vorgehen. Rollen Sie feine Wülstchen aus festem Ton, am besten aus den Stücken, die beim Zurechtschneiden der Tülle abgefallen sind. Drücken Sie diese um die Ansatzstelle herum an und verstreichen Sie mit einem Modellierholz die Fugen, daß die Tülle nahtlos in die Form des Gefäßes übergeht (**198**). Manche Töpfer beschneiden auch noch den oberen Rand der Tülle, um eine scharfe Kante zu erhalten, an der sich der Tropfen bricht, oder sie verformen den Rand ein wenig in der Art, wie man ein Schnäuzchen an einer Kanne zieht. Dazu muß der Ton selbstverständlich noch ziemlich weich sein.

Soll der Ausgießer einer Kaffeekanne eine geschwungene Form erhalten, so müssen Sie die Tülle noch in frischem Zustand am Gefäß anbringen. Es ist wichtig, dabei die Ansatzstelle an der Kanne sehr gut vorzubereiten, den Ausgießer

198

äußerst vorsichtig zu behandeln und die Naht gut zu verstreichen. Sitzt der Ausgießer einmal fest, wird er durch gleichmäßige Streichbewegungen in die gewünschte Form gebracht.

Genau wie ein Henkel muß auch die Tülle langsam am Gefäß trocknen. Es empfiehlt sich deshalb, die entsprechende Stelle leicht mit Plastikfolie zu bedecken, damit das Trocknen hinausgezögert wird.

Zum Thema Trocknen

An einigen Stellen dieses Buches habe ich schon Hinweise für den Trocknungsprozeß angeführt. Im großen und ganzen kann man sagen, daß die fertigen Stücke an einem luftigen Ort aufbewahrt werden sollten, vor direkter Sonneneinstrahlung, Heizungs- und Zugluft geschützt, aber

199

auch vor Feuchtigkeit bei Regenwetter.
Belassen Sie am besten die Stücke auf dem Ablagebrett, bis sie lederhart und abdrehreif geworden sind, drehen Sie dann ab, wo notwendig, und setzen Sie die Stücke auf ein gut erreichbares, übersichtliches und luftiges Regal um.
Um es einmal ganz deutlich auszudrücken: Grüne, das heißt ungebrannte Keramikware kann man während der Trocknung nicht alleine lassen. Sie muß ständig kontrolliert werden, umgedreht, abgedeckt, aufgedeckt. Ton trocknet von oben nach unten. Wenn sich also ein feiner Rand an einem Gefäß schon weißlich verfärbt, das heißt trocken wird, während der Rest des Stückes noch relativ feucht ist, dann wird es höchste Zeit, den Rand mit einer Plastikfolie abzudecken oder das Stück umzudrehen. Auch ist es manchmal angebracht, die fertigen Gefäße auf dem Regal umzusetzen, denn am Rand desselben besteht sicher ein etwas anderes Klima als in der Mitte, was natürlich den Trocknungsprozeß beeinflußt.
Haben Sie den Eindruck, daß Stücke zu schnell trocken werden, oder wollen Sie sie absichtlich länger feucht halten, weil Sie vielleicht an einem bestimmten Tag nicht abdrehen können, dann legen Sie Plastikfolie über die Gefäße auf dem Ablagebrett und stecken diese gut unter dem Holz fest, daß auch von unten kein Luftzug an die feuchte Ware herankommt. Wenn Sie meinen, ein Stück sei schon ein wenig zu trocken geworden, um es weiter aufzubewahren oder das Abdrehen hinauszuzögern, so können Sie es vorsichtig mit Wasser aus dem Zerstäuber besprühen und mit Folie luftdicht abschließen.
Man kann es sich zur Regel machen, die Sachen im Trockenregal leicht mit großen Bogen Zeitungspapier abzudecken. Einmal werden sie dadurch relativ vor Zugluft geschützt, andererseits verhindert die Abdeckung ein Verstauben.
Natürlich gibt es Tone, die empfindlicher sind als andere. Mit einem sehr plastischen, weißen Niedrigtemperaturton habe ich zum Beispiel die Erfahrung gemacht, daß er sich nur sehr mühsam drehen ließ, aber sich beim Trocknen als ausgesprochen robust erwies. Man konnte ihn sogar in die Sonne stellen, und er war innerhalb von Stunden knochentrocken, ohne Schaden zu nehmen. Man sollte schon auch mit dem Trocknen ein wenig experimentieren, aber doch größere Risiken zu vermeiden suchen.
Beim Töpfern darf man es eigentlich nicht eilig haben, da braucht alles seine Zeit. Trotzdem ist es schon einmal erlaubt, in einem Ausnahmefall frisch gedrehte Ware vor die Tür in die Sonne zu stellen – aber nur, bis der Ton seinen Glanz verloren hat, sonst drohen Risse. Vor trockener Heizungsluft muß man sich noch eher in acht nehmen; dies ist ein Klima, das dem Ton überhaupt nicht bekommt.
Auch beim Trocknen geht es nicht ohne Versuch und Irrtum ab, und wir müssen, wie so oft schon, auf die Erfahrung mit der von Ihnen benutzten Tonsorte verweisen. Besonders anfällige Stücke sind Teller und zusammengesetzte Gefäße. Teller zeigen oft Risse in der Lippe oder im Boden, oder sie verziehen sich. Um vor allem letzteres zu vermeiden, wendet man die Teller nach dem Abdrehen um und läßt sie mit dem Boden nach oben trocknen. Bei den zusammengesetzten Gefäßen hatten wir schon erwähnt, daß sie besonders langsam trocken werden müssen und unter Umständen die Ansatzstelle oder das ganze Gefäß mit Plastik abzudecken ist. Erwähnenswert ist außerdem, daß man vollkommen geschlossene Stücke, wie etwa Sparbüchsen, sofort nach dem Drehen mit einer Nadel anstechen muß, da sonst die schrumpfende Hülle reißen würde, die eingeschlossene Luftmenge vermindert sich ja nicht. Durch den Stich findet die Luft einen Ausgang.
Es passiert immer wieder, daß Gefäße beim Trocknen Sprünge und Risse bekommen, so gut man auch darauf aufgepaßt haben mag. Man sollte dann darauf verzichten, das Stück noch weiter zu behandeln, denn beim Brennen verschärft sich der Fehler meist noch, wenn das Stück nicht ganz und gar auseinanderbricht, und eine Glasur kann meist den Fehler auch nicht zukleistern.
Sollte man aber aus ganz speziellen Gründen ein bestimmtes Stück mit einem Riß doch brennen wollen, so läßt sich manchmal noch Abhilfe schaffen: Ist das Gefäß noch nicht ganz lederhart, drückt man mit einem Modellierholz Ton

der gleichen Konsistenz in die Fuge und verstreicht sie so, daß nichts mehr zu sehen ist. Wenn der Ton allerdings schon zu trocken geworden ist, so daß man ihn nicht mehr bearbeiten kann, kann ein bißchen Essig in manchen Fällen helfen. Mit ein wenig Ton zu Schlicker angerührt und in den Spalt geschmiert, schweißt er die beiden Teile wieder zusammen.

Zum Thema Brennen

Über das Brennen läßt sich schlecht etwas Verallgemeinerndes sagen, kommt es doch zuerst auf die Art des Ofens an, den Sie besitzen. Ist es ein Holzofen, von denen Sie zwei verschiedene auf unserem Foto abgebildet finden (**200**), oder haben Sie sich einen modernen Elektro- oder Gasofen gekauft, immer werden Variationen zu beachten sein. Lesen Sie deshalb zuerst einmal sehr gründlich die Gebrauchsanweisung für Ihren Ofen.

Ganz allgemein läßt sich sagen, daß für den Schrühbrand, das heißt den ersten Brand, die Stücke im Ofen aufeinandergestapelt werden, um die größtmögliche Kapazität auszunutzen. Es besteht keinerlei Gefahr, daß die Stücke aneinander festbacken, solange sie nicht mit Glasur behaftet sind, und man schichtet die Gefäße zu einem großen Berg übereinander. Dabei kommen die großen, robusten Stücke unten zu liegen, und alle Zwischenräume sollten möglichst mit kleinen Teilen ausgefüllt werden. Stabilität ist dabei das oberste Gebot. Da darf nichts ins Rutschen kommen, auch nicht unter dem Gesichtspunkt, daß die Stücke ja noch einmal schrumpfen beim Brennen. Achten Sie darauf, daß Seitenwände und Tür des Ofens nicht berührt werden und auch den Brennern nichts im Wege steht.

Selbst wenn Ihr Ofen ein Pyrometer besitzt, empfiehlt es sich doch, zusätzlich noch einen oder besser zwei Segerkegel verschiedener Temperaturen einzusetzen. Segerkegel sind aus einem keramischen Material hergestellt und schmelzen bei einer genau bestimmten Temperatur. Sie werden auf einem Tellerchen oder einer Kachel aufgestellt und so im Ofen plaziert, daß sie durch das Guckloch gut zu sehen sind. Wenigstens die ersten zehn bis zwanzig Brände sollten Sie so kontrollieren, denn selbst das beste Pyrometer kann Variationen in der Gradanzeige aufweisen. Ein Schrühbrand wird, je nach Art Ihres Ofens, sechs bis acht Stunden in Anspruch nehmen, ein Holzofen braucht meist noch mehr Zeit. Während der ersten Stunde sollte der Ofen so langsam aufgeheizt werden, daß 100 Grad nicht überschritten werden. Nach der zweiten Stunde können Sie 200 Grad erreicht haben. Fahren Sie danach die Temperatur ganz langsam und vorsichtig weiter hoch. Erfahrungsgemäß liegt der kritische Bereich zwischen 275 und 325 Grad. Bei diesen Temperaturen kann es zu Explosionen kommen, bei denen Stücke zerspringen, die nicht vollständig getrocknet oder in denen Luftblasen eingeschlossen waren. Steigern Sie nach der Gefahrengrenze von 325 Grad allmählich die Temperatur bis auf 700 Grad, wo wiederum ein kritischer Punkt erreicht wird. Danach kann sozusagen nicht mehr viel passieren, und Sie können kräftig bis zur gewünschten Temperatur (je nach Tonsorte) einheizen.

Der Ofen kann erst geöffnet werden, wenn er ganz ausgekühlt ist. Bezähmen Sie also Ihre Neugierde und lassen Sie ihn lieber zu lange zu, damit sie sich erstens die Hände nicht verbrennen

(Handschuhe anziehen!) und zweitens Ihre Schätze durch den krassen Temperaturunterschied zwischen innen und außen nicht springen.

Vom Kneten des ersten Tonklumpens bis zum Öffnen der Ofentür nach einem erfolgreichen Schrühbrand sind Sie einen langen, geduldigen Weg gegangen. Wenn Sie so weit gekommen sind, kann man annehmen, daß Sie Spaß dabei hatten und wahrscheinlich Ihr Kopf schon voller neuer Ideen steckt. Ich hoffe, das vorliegende Buch war Ihnen eine kleine Hilfe, und wünsche Ihnen weiterhin viel Freude und Erfolg.

200

Anhang

Literaturhinweise

Zum Thema »Töpfern« gibt es eine lange Reihe von Titeln. Die vorliegende Literaturliste erhebt keinerlei Anspruch auf Vollständigkeit und ist nicht aufgrund irgendeiner Wertung entstanden.

BIRKS, TONY: »Töpfern«, Franckh, Stuttgart 1983

Ders.: »Töpfertechniken«, Hörnemann, Bonn 1983

Ders.: »Der Studio-Töpfer«, Hörnemann, Bonn 1977

CARDEW, MICHAEL: »Der Pionier-Töpfer«, Hörnemann, Bonn 1980

CASSON, MICHAEL: »Töpfern«, Heyne, München o. J.

COLBECK, JOHN: »Töpfern auf der Töpferscheibe«, Maier, Ravensburg 1983

COOPER, EMMANUEL: »Töpfern, Kunsthandwerk und Hobby«, Maier, Ravensburg o. J.

FRICKE, JOHANN: »Töpfern als Kunst und Hobby«, Falken-Verlag, Niedernhausen 1979

HOFMANN, ANGELIKA: »Ton. Finden, Aufbereiten, Verarbeiten, Brennen«, Dumont, Köln o. J.

HOFSTED, JOLYON: »Töpfern Schritt für Schritt«, Hörnemann, Bonn 1980

LEACH, BERNARD: »Das Töpferbuch«, Hörnemann, Bonn 1978

MAHLKE, WOLFGANG: »Töpfern, Lehmofenbau, Brennen«, Auer, Donauwörth 1982

MIELKE, HEINZ-PETER: »Brennöfen selbst gebaut«, Rudolf Müller, Köln 1984

OTT, URSULA: »Gestalten mit Ton – Töpfern ohne Scheibe«, Franckh, Stuttgart 1980

POHLE, BARBARA: »Töpfern. Formen, bemalen, glasieren, brennen«, Droemer, München o. J.

ROGERS, MARY: »Von Irdenware bis Porzellan«, Hörnemann, Bonn 1980

TREVOR, HENRY: »Töpferkurs in Wort und Bild«, Hörnemann, Bonn 1979

TYLER, CHRISTOPHER/HIRSCH, RICHARD: »Modernes Raku«, Hörnemann, Bonn 1979

WOODY, ELSBETH: »Töpfern auf der Drehscheibe«, Hörnemann, Bonn, 1982

Dies.: »Das Aufbauen keramischer Formen«, Hörnemann, Bonn 1981

Sachregister